人間修行（三）神明的考題

人間錯愛

莫林桑 著

博客思出版社

人間修行（三）人間錯愛／神明的考題

【目次】

【目次】

第參章：人間錯愛－真做假時假亦真 081

【目次】

【目次】

第陸章：昨夜堪驚—水窮處看雲起時 217

【目次】

序文——做一個自在的靈修精靈

是不是修行一定都需要進入宗教，不是的，宗教只是一個認同跟助修而已。而不管你是進到哪一個宗教或修行團體，難免會有要你遵守的團體規則，這些規則或許是要助你修行，或許是要增加團體的和諧，或是團體主的個人目的，所有規則戒律都是一種約束，很難有一個團體是不需要戒律規則的，這是人性，需要管理。

沒有團體的戒律、規則，要維持自己精進的心或團體的和諧，就需要個人高度的自制力。對於靈修的靈（人）來講，就是一個高度自制的「智慧生命體」，對於「自在」有很高度的需求，這個需求源自於累世修行以來所累積的自我期許跟自我要求的能量，還有對於以「無形」能量體存在的體認，一種超越形質的自在。

所以當靈修的靈覺醒以後，對於祂所接觸的團體祂是會有所抉擇的，靈修所有的規則都來自於「自心及本靈」，一個合度，自然，依道而行的覺知，靈是自在不受拘束的，是心、靈共有的醒悟，這個要求是超越道德規範的高度自制要求，道德規範是人類群體生活的準則要求，是基本必要的，而靈則是自然進入良知良能的規範，是與生俱來的一種自發性慈悲善良，是累世累劫修持上來的，不必依賴人為教育而建立。

所以先天靈的靈修是自發性的，靈覺醒後持續的自我要求，自我提升，會自己想要修行，會自己找修的地方並提醒人身心進入修行，所以靈修的靈你不用也不必想要去管理，祂會自我管理，並要求人來配合。

靈進入修行的首要，就是調整身心，那如何調整身心？就是要將身心帶進一個美好的感覺狀態，所以養身、理氣、修心是進入靈修的主要功課；一般人總以為靈修是修靈跟神尊互動求神通，這是一般人只看到表象所生的最大的誤解，因為身心靈是一個團隊，打坐、靈動、靈語就是一個身心靈的合作練習，就好像一個樂團，主唱跟樂器跟團員合聲的一個組合練習，只有三者配合的完美才叫完美，不會單獨完美的。是一個完整身心靈與神尊的互動所產生的美好演出。

所以人間修行就是從身心的修行做起，修行是要學會處理問題的智慧，在問題處理的過程獲得成就與喜悅，在處理問題中讓心靈獲得美好的感覺，不是單純的做善事助人，他是在歷練中將整個良善美好做一個整體的運用，而得到最大的喜悅，不只是個人，還包括對應的人事物的共同美好，解決問題的方法是不侷限的，是自由運用的，運用是以「心法」為準則，不是用方法，「心法」是大自然的原理原則，依循的是道，大自然的道，所以靈修是開闊的，是自在的，是與天地合一的，在人世中修，修超越人世的限制，擺脫有形的窒礙，修身心靈的自在。

所以借假修真，從人世的苦惱中歷練，修出快樂自在的心靈。

人間修行（三）是將人身心的苦惱帶入喜悅的修行過程記錄，人生的歷練是神尊的試題，是考驗也是幫助你觀念提升的最好課程。

第壹章：秋月春風——若無閒事掛心頭

1-1、信仰與生活─預防保養與治療修復理論

人什麼時候會生病，什麼時候會出意外，很難講，也保不定是不是有人壞心惡意來欺負我們，有人會抱怨，平時我都有上教堂做禮拜，有燒香拜拜，有行善布施，為什麼還會有一些不幸的事情來發生，甚至就是有人故意搞鬼，破壞平靜的生活。為什麼耶穌基督神佛不能保佑不出事？

這話應該這樣講：你的車平時是不是要保養，保養只是避免自己拋錨故障，但是車開在路上，你無法控制別人的狀況，會有人闖紅燈，有人超速，甚至酒駕，或過勞開車，車子本身也會耗損，零件老化──所以一不小心就會出車禍，甚至撞到你，也會有拋錨的狀況。那這時呢？就是要修理了，還要處理車禍事項，所以平常做禮拜，燒香拜拜，捐助困難家庭，等於是做保養的工作，它的功能是讓自己在路上平順，盡量可以避禍，但無法保證你完全無禍，出事了就是要處理修復治療的工作，而不是一直想為什麼做好保養了還會被撞，就像有人重養生，抵抗力好，當然生病的機率比較少，但是一不小心仍有生病的時候，治療跟預防的處理方式就不同。該治療時就要用治療，選擇用對

的方式才是發生事情後要思考的事。

那到底平常祈禱燒香拜拜有用嗎？應該是機率的問題？你不保養，不做養生預防的工作，進診所醫院，進保養廠的機會是不是會比較大？

1-2、愛情潔癖—二手車理論

對於新的東西或是第一次拿到的東西，總是會比較愛惜，就像有人買新車，會「惜命命」，有稍微髒汙或刮痕，恨不得馬上把它重新整理，買了新電器，也要保護膜，墊子，防塵套什麼的都準備齊全，為什麼？因為是新的，因為是我買的，因為是我喜歡的，愛的，所以要愛惜，要保護，只有我能動，不准別人碰觸、亂動或破壞它。

愛情也是一樣，尤其是女人，尤其是男人，女人的愛很單一，也很單向，我愛你你也只能愛我，男人的愛很多樣，但很單向，我可以同時愛別人但你只能愛我，單向的是接受，多樣的是付出，所以女人的愛很潔癖，你既然愛我了，你就只能愛我，不可以有其它模糊的地帶，你怎麼可以跟我又跟她？男人則喜歡多方接觸，試探同時接受的可行性？男女剛好是牴觸的，所以永遠會有男人與女人的戰爭，尤其是對於有婚約的對方，（因為婚約加強了「擁有」及「所有權」的概念強度），這讓互相的「佔有性」更強，要求度也更高，因為標準提升了，所以原來男女朋友提升為夫妻時，對立性跟著提升，使用標準提升，包容性降低，衝突隨之升高，（門檻高了，不滿意度就會增加），因為雙方是以「以前」的標準繼續行事，但心中的要求標準卻不自覺提升，所以會產生我以前也是這樣做啊，為什麼你以前接受現在不能接受。拜託喔，因為關係不一樣了。

那對於自己擁有的東西被人使用而未被告知，自然而然心中產生了挫折感，權益被侵害了保護不了，以致無法平衡，我沒做的事為什麼你能做，於是有被背叛的感覺，報復的心理於是產生，婚姻就產生了危機，但當有一天你離婚了，想再婚了，交往的對象性質好像跟以前雷同，你也會發覺你交往的對象，都是輾轉歷經各個戰場，一戰再戰的人時，才發覺原來當初的背叛都只算是小小戰事，受傷的只是未被告知，未被尊重的感覺。

好比當你買二手車時，你根本不會在意以前的刮痕掉漆，或是一些小擦撞的故障，只要有整理好就好，你也不會在意有多少人開過它，因為無從查證起，所以也不用計較了，但買新車時，你卻會對原廠配備樣樣在意，為什麼？

因為你又回到只是交往時候的標準，而不是後來夫妻的標準，當你離婚後，你對所選擇對象的看法，你會發覺你好像接受度開闊了許多，其實都是心中的一把尺在作怪。

1—3、你要結婚嗎？—婚姻物化的思維

婚姻制度基本上是人設定的一種規則也是一種籓籬和限制，作用是把互相的認同實體化，但也是用來宣示主權，向外人宣示，某某是我先生，某某是

我老婆，旁人不得使用，進入婚姻，雙方可以光明正大互相使用，旁人無權多話，「婚姻」是合法且強制的同居關係，「無婚同居」是你情我願的共同居住，雙方自願的互相使用並共同生活，沒有法律保障的婚姻式生活，公開化的程度因時代背景與所在環境不同而不同，最好的走入婚姻方式，應該是互相覺得適合同居了，才考慮要不要進入婚姻。

適合同居（共同居住）是建立婚姻關係的基礎也是前提。且在要不要繁衍後代等等都要取得共識，很多人考慮婚姻只以愛不愛為考慮主體要件，這是很危險的，婚姻生活的相處智慧沒有高低，只有互相適不適合，適不適應，願不願意互相調適且互相認同，互相之間的改變調整的步調要能夠溝通協和，這樣才能長久。現在婚姻採登記制，跟房子車子是一樣的，有登記法律上才承認，但車子房子沒有行為思考能力，而人會思考，會轉變，會要求，所以除了所有權的宣示以外；互相的用心才是長久維持之計，就是互相之間的心靈的滿足。

那到底有婚姻好還是同居就好？什麼樣的人，什麼樣的狀況適合走入婚姻？婚姻沒有可以久久長長的嗎？

真要說婚姻制度，基本上真的就是人設定的一種規則跟界線，是否真符合自然界定律呢？暫且不說，婚姻的主要作用是互相認同且有用來宣示主權，避免紛爭的作用，結婚宴會是公開向外人宣示，相愛的兩人互相認同且願意共同生活，在物權的觀念上也有宣示所有旁人不得使用的意涵，其實宣示主權的意義大於實質意義，（就跟其他動物一樣，都會宣示勢力範圍）。婚姻雙方是互相擁有，可以光明正大互相使用，旁人無權多話。事實上，不用婚姻制度，互相之間的認同，同時願意擁有與被擁有，互相之間願意調適修正才是婚姻真正的意義。制度反而是一種限制。

婚姻在法律上來講是合法且強制的同居關係，一般認知的「同居」關係，則是你情我願的共同居住一起生活，雙方自願的互相吸引使用，沒有法律保障的婚姻式生活，公開化的程度會因時代背景與所在環境不同而不同。在制度上就像有的民族或地域，可以一夫數妻，有的一妻數夫，更有部分族群則會「以妻饗客」，所以婚姻風俗觀念並不是一成不變，同樣一夫一妻制的地方，一樣有人擁有數妻，（所以真正維持婚姻的是實力而不是法律，法律是給沒有實力的人使用的），所以其實婚姻真正要看的是：

「婚姻雙方的心理認同狀態」，是否真的為對方吸引，真心願意為對方所擁有，且願意去自我克制調整。而相處溝通的能力才是維持婚姻的主力。

一般來講，不管婚姻或同居，還是必須要能互相「尊重」，婚姻不只是物權的概念，人是「動物」是獨立思考的個體跟一般物權不能相提並論，即使宣示主權了，還是免不了會有「越權」或「侵權」狀況，所以「用心」很重要，不能完全用「所有權」及「法律」觀點來看，否則很快會「遊戲終止」。這樣才能永久，很簡單也很難。

婚姻關係是人際中最緊密的接觸模式，難免也成為最頻繁碰撞的關係，很多人都說修行的人婚姻關係都不好，其實應該說，大家在婚姻中都忘記了修行，只剩下堅持己見，總認為結婚了，已經定案了，有法律做保障了，原來哪份尊重跟關懷漸漸淡了，而影響了彼此的關係，也忘了彼此間的尊重和協調，總要求對方來配合我，忘了自己也需要配合對方，彼此的觀念思維言行的碰撞，忘了要去接受和修復，車子壞了，音響壞了，都會想要盡快去修復，但是都忘了夫妻朋友之間關係的修復，要修復到可以維持良好互動的狀態。

生活中的各種場合和人際關係就是我們要修行的道場和課題，生活修行的觀念要建立，不是離開婚姻離開家才能修行，或修行修到忘了婚姻忘了家，這是有問題的「修行」，要拿掉物權概念，拿掉所有權的概念，修正互相對待的關係，才是婚姻的意義。

1－4、怕被看透嗎？—沙拉油原則

本身是透的，本質是透的，還怕什麼被看透呢？

一樣米飼百樣人，如果要做到人人滿意，沒有批評，可能是即使化作千手千眼觀音，也不見得能盡如人意。

通常會怕被看透，大概有兩種情形：

一是沒有自信，害怕被比較。

一是事情有不可對人言（不見得是壞事但不願讓人家知道）。

因此必須閃閃躲躲，會生活的比較不自在，很少人會自己承認自己的弱點，其實無可厚非，但不要為了一件事，卻必須勞師動眾來圓融它，多費力氣了，所以就讓自己簡單就好。

其實會讓自己簡單化，也是不得已所練就出來的功夫，因為以前在道場，老師跟一些師兄姐都能通靈，當你處在這種環境下，你是什麼都無法遁形的，什麼都不必隱瞞，所以只有採取讓自己「原形畢露」的態度面對，這樣腦筋就不用一直轉，久了就習慣了，心中沒秘密，沒隱私，沒隱瞞，相對的也會鞭策自己不要做不可告人的事，做了也誠實說明，尋求改正，不用隱晦，當你無所隱瞞時，心裏也就自然輕鬆了。

出了道場也自然以此態度生活，坦誠面對自己，不必用很多包裝來圓場，選擇事情後遺症最低的路走，輕鬆自在，

清清如水，如果本身就是透的，那還怕被看透呢？

1—5、掛電話—王牌對王牌

這陣子颱風接連來，颱風過後處理客戶房屋滲水事件，因為這一戶房子已抓漏多次，加上工務人員回答口快，造成客戶心理不愉快，於是客戶打電話到公司，董事長基於處理多次，也對客戶感到抱歉，所以親自與客戶對談，客戶以企圖影響餘屋銷售及二期房屋銷售來做籌碼，其實公司已經打算請營造公司評估整個屋頂重新施作的可能性了，不能一直浪費時間精神在處理同樣的事情上，但客戶此說卻讓董事長也不愉快，因為公司原來就負責到底一直在處理。

俗話說：「醫生驚治嗽，土水ㄟ驚抓漏」，誰不願一次處理好，在那邊一直作同樣的事又沒錢賺捏，所以董事長也大聲回他，一件歸一件，頂多房子不賣也無妨，也斥責客戶不該混為一談，以此要脅，（其實他哪有能力影響到銷售），客戶被斥責，要脅又無效，就拒絕溝通掛電話。後來客戶也對我炫燿的提起，只有他敢對董事長掛電話，又沒吃公司頭路，怕什麼？其實已經淪於情緒的發洩了。

本來在我開會之前，客戶就已經對我提起要讓房子不能賣，所以他在說明董事長是因為施工方式不同在生氣，我也只能笑笑，因為董事長跟他講電話我都在旁邊，董事長也跟我說明為何聲音轉大聲的緣故，當然基於工作沒做好造成客戶的不便，也理虧在先，也難怪客戶的無奈，其實工地銷售做這麼久了，客戶抗議也不難處理，但他以此為王牌，那就真的小看公司及業務銷售的功力，我倒真的希望他來抗議，因為那正凸顯公司負責任的做法，公司願意這樣負責到底，過了保固二年了還願意負責，真的不知道要去那裡找了。

不過掛電話這倒讓我想起電影「王牌對王牌」裡面，談判專家「掛」山謬（主角之一）的電話的經典畫面：

一般會「掛對方電話」，大都是「拒絕溝通」：

一是覺得對方沒辦法溝通，

二是沒有能力溝通了。

大都是傾向失敗的處理，話說不贏啊（理不足），達不到目的，對方根本不接受你的講法或做法，掛了電話又急急要撥電話再談。

但「王」片裡面則很明顯的是要壓下對方氣燄跟情緒，找回主導權。很明顯的知道「掛電話」的目的及作用，因為清楚籌碼在哪一方，這樣的掛電話才是值得稱讚的，因為很明白當時的局勢，對方的態勢跟需求，與自己的角色定位，也了解籌碼所在。

所以為什麼掛電話？還有你為什麼要生氣？目的何在？知道為什麼生氣，知道生氣要達到什麼目的，生氣要生多久的氣？生氣多久能放下？多久能泰然自若？你有沒有膽識生氣，敢不敢衝突，掛電話也要有這種能力，所以要敢衝突，敢生氣，敢掛電話，但要了解目的何在？結果是否能在自己控制之下？

1—6、昨眠歹勢，還是山盟海誓？

這是台語發音的俚俗諺語。

女人是語言聲音的動物，對聽覺的接受度比較高（歹勢，借用別人的理論），所以對「甜言蜜語」接受度比較高，應該說對悅耳的聲音（讓內心喜悅的聲音）接受度比較高，對「實話」（不一定是忠言）則是多所考量，所以嘴巴「不甜」的男人（欠栽培的，說甜言蜜語應該可以栽培）在追女過程是比較辛苦的。

如果說男人真的是下半身思考的動物，那所有對異性的殷勤，我們都設定在最終目標是「下半身」得到紓解，所以達到目的以後，自然得再尋找下一個目標，其實目的是在追女成功的成就感，到底是不是真的想要留住「標的物」。看下半身思考完後的行為就知道，但很多女生會誤以為這個動作是要留住「標的物」，當發覺雙方的思考方向不一致時，常常就會有「爭執」或「糾紛」，而男人就會用是「誤會」的關係來處理。

「昨眠歹勢」—（昨夜抱歉了），下半身思考完了就好了，要天長地久，那就真的是抱歉了，昨夜是誤會，是歹勢（拍謝），不是海誓，至於說的「山盟海誓」就謝謝了（台語音很近昨眠歹勢）。

通常我們在做表達或互相溝通時，常常會用自己的思維去理解對方所說的話，而表達上也常出現不完整意思的話語表達，這是需要去練習的，不管接收或表達，以及再詢問的能力都是，確認意思明確傳達了，再做判斷及反應，所以女性朋友啊，對山盟海誓的甜言蜜語，聽一聽就好，要去求證，雖然這樣很不浪漫了，但是確是避免誤解受傷害的必要動作。

所以當妳聽到「昨眠歹勢」時要笑笑接受。

不然就要好好分析「山盟海誓」背後的真意了。

1－7、行不改名，坐不改姓的時代過去了？改名兼改運？改名跟流行

─由小看大，看臺灣人的改名

改名跟著流行走，改名字的條例已經放寬了，很多朋友都去改名，有的只是方便稱呼，有的連身分證也都改了，現在連「姓」要改也行，顛覆很多傳統習慣跟觀念，只是會不會因為協調出問題而導致失和，就要看智慧了。常聽朋友問起，改名是不是就能改運？其實我自己也跟了流行，不過是更早（那時候

還沒接觸靈修），我沒有請姓名學大師或算命仙神算一下，我是回二林鄉下老家的無極天慈聖宮裡的乩童改的，很多朋友都笑我，這樣也行，你什麼都來；是啊，拜拜燒香，打坐拜佛，靈修都來，易經八卦，陽宅地理，八字什麼都學，但就是沒有精通。

那到底改名對改命有效嗎？運有改嗎？能說是試驗看看嗎？還是心理安慰捏？每個人的反應不一，其實你個人還是原來的人，如果改名，改姓，改方位，用鎮煞，就可以改變原來的命運，那人何必做的那麼辛苦。基本上，你帶多少願來，就做多少事，還多少願（不用業力用願力），有餘力就多積德就對了。

個人覺得，要改運最好的方法應該從調整自己做起，你心裡只想害人，想佔人便宜，欺負人，犯罪，你不要說改名，就算隱姓埋名也要過20年的法律追溯期；你起心動念都往好的方向調整，不論個人道德修養，行事風格，個性觀念，如果能修正了，相信你的運也會跟著改，就好比「塑膠管」好了，它就是比較脆，不能敲，不耐高溫，你把他稱呼改成「超鋼管」，難道它就會變的比鋼還硬，還耐高溫嗎？本質沒改變是沒用的。

所以基本上必須調整改變的是「本質」，也就是自己的個性，比如加料成「塑鋼」，或加金屬結合，它就會改變。又好比汽車故障，難道你把它換成你朋友的名下，或換個牌照就好了嗎？基本上還是要修理車子本身的毛病，車子才會正常，所以基本問題不在改名，改姓，改方位的問題，要改運，基本上是要調整自己的個性本質，調整觀念跟行事風格。

好比你本來住介壽路，現在要改成凱達格蘭大道，那只是名稱改而已嘛，你還是住原來的地方，過原來的生活，各種環境條件都沒變啊，本質沒變你到底有什麼差別？心裡覺得這樣比較舒暢而已啊，高興啊，你要真的改變生活條件跟環境，要嘛搬家，要嘛建公園，美術館之類的，要嘛家裡重新翻修，換地磚，換廚具，換衛生設備，這樣才能真正改變生活條件跟生活品質，只靠一個名稱變換，那是不夠的。

所以要改名，不如改自己個性，人格特質或行事作風及待人處事方法跟態度，從本質改變，這樣才能改變你的結果。要能醒悟，要能修正，修就是這樣而已，隨著你的調整，會越做越上手，越有餘力，才能改你的運，就像我們國家，有人說要正名，要獨立，問題是你現在有附屬於誰嘛？是美國在統治還是大陸在統治？改名字好啦，改成「民主共和國」好了，又換誰統治了，還不是居住在這塊土地上的人，問題是國際局勢不改變，中國的干涉不放鬆，哪個國家敢承認你，有啦，如果能正式跟中國硬碰的，並且能打贏中國的，我想每個國家都馬上承認，包括中國也會不敢吭聲，問題是沒有辦法啊，短時間也不可能改變，所以國號改名跟個人改名是同樣意思的，要有辦法改變本質，改變國際現況，才有意義。個人修行可以往善良道德方向修，做良性循環，國家改名，是否有能力控制往「想要」的方向調整，能試試看嘛？要試試看嘛？還是要跟我一樣問神一下？開玩笑的啦，自己好好做比較實在。

如果你的負債都沒還，改了名字以後還要不要還，我想答案是肯定要還的，是宿命的問題嘛？不是，我也希望改名就能改運，大概就心理層面的正向作用吧。

1—8、「喜新厭舊」跟「背叛」

太陽每天在升起，照的是每天變化的人事物，喜新厭舊是人性，沒有辦法，就是這樣，新舊是以你所在的時間點為基準而言，新舊是一個相對時間的比較性的問題，不管新舊，對於自己，一個一個都是過客，你站著不動，永遠看著別人走過，對別人而言，你永遠是舊的，你要邁出腳步跟著一起動，就不會有新舊的問題，也不會有被遺棄的感覺。

跟不上會被遺棄，跟上了就可以攜手，當你超越以後，你也會捨棄一些人一些事物，這不只是人性，而是自然的道理。

夫妻、朋友就是這樣，你的對手，你的另一半在進步，你卻原地踏步，很自然你很快變成舊的，也可能就被遺棄淘汰了，你要跟著另一半調整改變，或是超越對手，沒人可取代，那你就永遠都是新的。同樣的你的另一半如果不長進，也有一天可能被你辭退，能攜手至白頭偕老，是一種福氣也是智慧。

你要如何對待，由自己決定，你可以是40歲的新人類，也可以是20歲的傳統守舊人類，端看你自己怎樣操作。

所以應該要回頭看看自己的生活態度，自己的想法，到底自己站在怎樣的一個位置。

其實也會想，用「欺騙、背叛」這些字眼，對捨去婚姻的另一伴做形容，到底合情合理否？結婚，並不是把人賣給對方，一般人總以為，婚姻是一種約束，大概都會有這種想法、心態吧，認真來講，也就是說實際些，婚姻應該是一種歸屬感，還是一種擁有的感覺，婚姻不是奴隸制度，不是你一定就是要忠心於我的制度，忠不忠於你是看互相的對待，沒做好被喜新厭舊也是合理。

「歸屬」跟「擁有」是心的感覺，而不是身體所有權的契約，所以，心沒有歸屬或擁有的感覺時，選擇分開是容許的，每個人都屬於他自己，擁有他自己，其實後來對於我前妻勇於要他所想要的，應該是要值得敬佩的，至少他不想也不會虧待自己，我們都該重新審視我們婚姻中對自己及對對方的對待。

1—9、男女結婚一定要跟男方父母住嗎？

人生的張力就如戲一般，要學著會「看待」，心態是看戲還是入戲，結果炯別，其實我們都忘了，人的彈性（接受度）是可以無限寬廣的，只是你一直記得說：不要不要不要，卻忘了，同一件事情，你也可以說：好好好。

有朋友問起，結婚了是不是一定要跟男方父母住？

其實這真的是觀念跟實際操作上的問題了，以前一直是父權（父系社會）的社會思考模式，但法律上規定是以夫之住居為住居，但沒說以夫之父母的住居為住居，所以沒有人規定一定要啦，只是以前觀念比較傳統，也有輿論的力量，認為要跟父母住才是孝順等等，但是孝不孝順在於有心沒心，並不是住在一起的形式問題，一般人卻很難跳出這個窠臼，如果住在一起卻婆媳問題嚴重，那何不互相保持一點距離感，讓它朦朧美，也許尊重就會調回來，也許就不會針鋒相對，難道不也是實際兩全其美的方法。

話說回來，男生是人生父母養的，女生難道不也是人生父母養的嗎？所以，也可以要求跟女方父母一起住啊，男方之住居，並沒有限定於男方之父母家啊，也可以自己獨立一家，夫何嘗不能住女方父母家，住了就是夫之住居了，以後夫回「夫的娘家」就好了，娘家是中性名詞，只是習慣因女方出嫁，所以是女方稱娘家，倒過來也行啊。以前男權比較高漲，傳統也是父系權力比較大，所有很多傳統習俗都是以男人的立場設定的，現在不同了，女權意識升起，男女平權觀念已經建立，要住哪邊，互相尊重商量一下吧，何況現在連小朋友的「姓氏」都可以協調了，為什麼就不能自己住呢？也可以啊，如果你們經濟獨立，如果公婆相處有狀況，為什麼不自己住，與其住在一起吵架，不如有點距離反而會互相尊重，常回去看他們就好，反而可以相處的更好，試試看也無妨。

既然是兩個人共同生活，就要協調，就要尊重啊，溝通不是要求對方一定接受我的方式，而是尋找一個共同可以接受的方式，這才是溝通。如果男方堅持與父母住，女方也可以堅持要求養女方父母啊，女方父母難道不是父母嗎？跟男方父母住只是傳統而已，不跟傳統一樣又何妨，如果你覺得跟公婆住你不舒服，又何必一定要一起住了，這是結婚前要溝通的。如果連這個雙方都沒辦法溝通，倒覺得也不一定要結婚啦，結婚是為了雙方能快樂一起生活，如果因為結婚而產生種種不快樂，甚至讓自己婚後一直痛苦，又何必如此。

現在觀念比較開闊了，尋求一個共同可以接受的生活上才是重要，如果不得已必須接受而實際上也已經做了，那就調整自己心態，快樂的接受現狀，等有能力時再做調整，這樣生活才會快樂，心情才會快樂。

1—10、愛情與麵包是永恆的課題

愛情與麵包是一個永恆難解的課題，時移世遷，沒人能知道「永恆」是一個什麼東西，現在是「對」的選擇，到明天是否仍是對的？誰能給答案。

朋友在問我：

妳會選擇一個妳愛的人但是他養不起妳的人！還是，妳會選擇一個妳不愛的人但是他卻可以養的起妳的人？

如果是你，你又將如何抉擇？

答案仍然是一個永遠的謎，每個人都是不同思維，不同答案，盡在自己心中吧。

當初回答的時候有些「玩」「皮」，談完之後有些傷感：

這個問題真是個超時空的大問題，暫且我們把它區分為六部分來談：

首先：實際面與理想面：

1.當然是實際面上：食衣住行育樂各方面都與金錢脫離不了關係，當你不存在時，愛情是沒有存在的意義，所以基本上你要能吃飽有存活下來，才能繼續你的愛情，但吃飽不等於養得起，因為只解決了六分之一，所謂養得起當然要包括吃飯之外「衣、住、行、育、樂」的基本需求和享受，所以建議你這方面一定要顧到，不然存活會沒有意義。

2.再就理想面而言，愛情是屬於精神生活，但精神生活不必然要全部具備，比如說欣賞音樂，讀書，娛樂……等等，沒有這些層面，一樣有人過得很好，所以愛情它是屬於「附屬品」，但有人會把附屬品當成「必需品」使用，甚至提升成「奢侈品」，所以你要考量自己是屬於哪方面的，但實際面沒有的話，精神面也會很辛苦，甚至扭曲變形。

第二是：現在面與未來面

3.以現在面而言，當然你可看到的事實擺在你眼前，如果搭配上述實際面與理想面來講，當然要先存活下來，也要過得舒服快樂的話，當然要選擇可以滿足你的人。

4.但以未來面來講，則目前的狀況，不保證是永遠的狀況，人會改變，事情會改變，社會會改變，你有沒有可能永遠不改變，養不起的那個有沒有可能改變，你有能力預測嗎？怎樣預測，評估一下。

第三是：現在面搭配實際面

5.當然要選擇養得起的那個，因為你會擔心養得起養不起的問題，當然是真的怕對方養不起你怎麼辦，你也希望安定且安穩的過日子才會這樣考量啊，而且你會兩個一起拿來討論，一定是兩個都有喜歡，只是喜歡的多寡問題，並不是完全不喜歡。

第四是：理想面搭配未來面

6.這個你就要賭一賭了，賭理想的這位未來是好的，還是你有足夠評估的能力，看好他的未來，不過這要賠上你自己就是了，未來是不可測的，但有些端倪可以看得出來，評估一下。

第五是：現在面搭配理想面

7.這個倒可以滿足你的需求，你選擇了以後，自然重心會移過來，愛情也會越來越強，其他精神面也可以得到滿足，比如說，足夠的金錢讓你去逛街購物買書或聽演唱演奏或悠閒的過日子等，可以雙重滿足的。

第六是：實際面搭配未來面

8.這個你就要評估了，目前養得起的這個人，品德好不好，能力好不好，愛你夠不夠多，他的事業賺錢能力可以持續多久，有時間性嗎？會被淘汰嗎？很難講，你也是要賭一賭。

綜合以上：

想請你想一想自己，

1.要有多少才養得起你？

2.對方愛你有多少你有想過嗎？

3.你不愛對方會不會影響對方養你的意願，你自己控制得住不會表露出來嗎？會不會影響他賺錢的能力？

4.如果你選擇養得起你的人，會不會激勵養不起你的人發揮他的能力。

如果你只考慮養不養得起，當然建議你嫁給養得起你的人，因為眼前生活是即刻要處理的，但嫁了後希望你能調整到愛她，但不能拖太久，否則讓他知道你不愛她，可能你也會失去她。

如果你是重愛情的話，建議你選擇你愛的人，也要確認他也是愛你的才行，然後一起打拼，未來是不可知，但你現在怎麼做，確會影響你的未來，現在只要稍微控制一下，未來都有可能改善，但如果你不愛一個人，要改變成愛他是有點困難，尤其是女人，尤其是感覺的問題，那就要受長期的精神孤寂，不過現在大家自主性都這麼強，要離婚也比較普遍容易了，不能忍受，到時再離婚就好了。

良性建議，如果還有一點愛還可以增加，但如果都不愛，請你不要去傷害一個無辜但可以養得起你的男人，因為我也是男人，所以了解一個不愛你的人一直在身邊的那種無奈跟挫折感，當然還會有點恨存在，因為那會是一種欺騙的感覺。反過來說，女人應該也會有同樣的感覺。

其實人生只是一直不斷的在做選擇而已，每個選擇都有它必然產生的結果，那是「命」，但是還有一種變數叫作「運」，有人屈服命運，但實際上「命」雖然定數，但是運是可以轉的，所以稱「運轉」「運轉」，運轉就是一種操作，改變思維會改變操作方式，基本上還是會影響「命數」，所以為什麼要修行，修行就是決定了後去運轉維持要走的方向，偏差了要調整回來，或是操作往正向思維的方向前進，所以不管選擇什麼，去把它操作好才是要緊。

1—11、請勿餵食

「餵食臺灣獼猴，會改變他的生態習性，影響他的覓食能力，易形成攻擊及毀損農作物的行為」，這是步道上勸導遊客的標語。

這讓我聯想到一般男女朋友的交往，常常在餐廳或某些地方，卿卿我我互相餵食，渾然忘我的幸福畫面，一般都會很羨慕吧，可我想到這個告示牌；其實互相餵食這也是人的習性跟心態改變的開始，開始認定對方，開始想要約束對方，你是我的我是你的，對「對方」的一些要求跟潛規則會持續產生，越來越根深蒂固，但熱戀期過了，開始正視一些現實問題，慢慢互相的要求就改變了，關係就變質了，這時候不再餵食了，但覓食習慣已經被改變了，就有人會出現不適應現象了，終於導致要分手了。

其實這是很平常的事，但有人在執著時，事情就變的不單純，那就開始有攻擊或產生破壞性行為的事情，那就是餵食的結果。

所以，若以餵食（包含實際飲食及物質上的供應／心理層面的需求）是戀愛過程的享受，那就盡情去享受，但千萬不要以為可以永久餵食，改變是必然，要能接受改變後自我調整，如果無法保持自己隨時會被野放的自我覓食的心態，應該就要避免接受餵食，尤其一些結婚後以家庭為重心的朋友（家庭主婦），千萬提醒自己，不要失去自我覓食的能力（工作或養活自己的能力），要餵食的人，也要考慮自己是否有能力能夠永久餵食，或是願意切結保證能永久覓食（不是結婚證書喔），並賠償爾後不願再繼續餵食的責任（贍養費或分手費），否則千萬不要阻止另一半追求保持自我覓食的能力（經濟自主能力）。女人也千萬不要沉溺在餵食中，而讓自己失去經濟自主的能力。

1-12、戒俗

知道嗎？要「戒俗」

「俗」台語一般有兩種發音，兩種解釋：

一種是「ㄙㄧㄡˊ」就是便宜的意思（拼得出來嗎，拼台語喲，用「入聲」，尾音短促急收，真的很接近了），東西多了，通俗了，自然會便宜，所以藝術家的作品在「人走後」比較會漲（當然名氣要夠響，作品要夠力），因為人往生後作品只會減少不會再增加，物以稀為貴。

再一種意思是「聳」音的聳，「聳」就沒藥醫了（這個比較好念就是聳），因為「聳」是一種氣，一種氣的質，就稱為「俗氣」，氣的話無形無色無聲無質，但是你就看得到那種「感覺」，雖然是氣，偏偏「氣功師」也無法領略，然後去醫它，無從醫起就很慘。

能「不俗」，不是讀書死背讀得來的，跟「有錢富有」的眼界也不太一樣，（不是富有就不會聳喔），很麻煩齁，「感覺」竟然是用看的而且看的出來。

看「談吐」（這個就是呼吸的氣了）。

看「行止」（這個就是舉手投足的氣了）。

看「識見」（這個更麻煩，跟腦波有關係）。

是整體的感覺，跟美醜，貴賤，土洋的關係不大。因為是「感覺」，只能讓你自己體會，（講了一堆竟然還是廢話）。

但是人真的要「戒俗」，知之為知之，不知為不知；不只是藝術技能，還有很重要的行住坐臥，舉手投足，應對進退等（扯太多了）。

這要從心境培養，不過結論是：沒辦法講，自己摸索（這樣講是不是俗（聳）擱有力）。

第貳章：笑看世間—白髮漁翁江渚上

2-1、沒有對錯只有接受

網路是實際社會縮影，只是接觸的是虛擬，所謂戲如人生，人生如戲，在網際裡可以快速瀏覽，人的距離，人生的距離，霎時如精華濃縮版劇情，男男女女網路上相會如逛大街，就用逛大街的心態對待吧，這樣可以輕鬆裕如，如果用課堂上課的心看待，那就會則如坐針氈了。

習慣上來網上逛逛，不知道其他人怎樣看待部落格的，逛久了就會發覺，比如像在交友網，有的男男女女會自己認定自己的親密關係人物，像一部現實生活中男女關係，把網路關係在心裡面實化，於是乎也會產生爭風吃醋的情事，在對方板上筆戰，抹黑，造謠，生事，有人會不堪其擾因此而關版，比現實生活發生的事有過之無不及。究其根本無非「太過於投入」，把假當真，把虛當實，情感隨意投射，又只自我認定，不管對方反應如何，以致「混淆不清」，無法認知自己所在位置，造成認知錯亂，其實這正是標準示現所有的運作，都是自己「心」的作用的現象而已。

若是部落格則屬於比較個人抒發的場所，就比較少聽聞這種男女關係鬧事，其實自己很輕鬆看待網路關係，避免捲入人家的是非，也儘可能不去管人家是非，把部落格當成聯絡筆記本，就用「逛大街」的心態看待，其實也真的像在逛街，有時候約個朋友在那裡見面，寒喧聊聊，有的人會在一個自己角落看著來來往往人群，偶爾有人來打招呼，就聊上幾句，有的人會到處逛，逢人便打聲招呼，順便請人到家裡或店裡坐坐，其實都很單純，逛街遇到熟人或到熟識的店，難免多問問多聊聊，遇到興趣相投的人，也會想多了解一下，交換心得，有的是熟朋友，有的是中古朋友，有的是新朋友，有的是多年不見的朋友，有的像是失散多年的親人啊，有小朋友來問路的啊。像路上遇上一隻流浪貓狗，都會關懷一下了，何況是朋友或是一些特殊情況的朋友，多一些關心和鼓勵，總是好的。

那網上有的談話用私聊，有的用開放，有的是用暗語，黑話或行話，就像你跟朋友上街一樣，有的在你身邊就聊開了，但你知道聊些什麼，這是公開；有的遇上熟人拉著往旁邊自故著談去了，有的就是閃邊談些私人事情，沒讓你聽著，就是隱藏了；關係很簡單，就像實際生活一樣，你如果簡單看待就沒事，你要多聯想就有事，所以就請簡單看待就好。天下本無事啊。想知道的就跟朋友問問到底談什麼？看他回答的誠不誠懇，你就可以了然你跟他之間的關係到什麼程度了。

每個人都有自我，要無限放大就沒辦法收拾，逛街被人踩到鞋，你要說事情多大就把他弄大，你要拍拍灰塵說沒事就無事，出門不免有時踩到狗大便，你能澹然笑笑，清一清當沒事再繼續逛街嗎？其實只是你心理的抉擇而已，但會影響你逛街的情緒罷了。古今多少事，都付笑談中，心放的越寬越大，生活範圍就越寬越大，真是你的，不是在部落格或網上發展了，感情還是實際生活接觸才是真。

現實生活上，如果男女交往，卻害怕或不能接受對方與他人交談，那是對自己自信心不足，或是對對方的信任度不足，抑或佔有慾太強，或自我的放大過度，其實原本應該都不是什麼問題或都是不該存在的問題。其實男女感情本來就是複雜難解的習題，沒有對錯，只有接受。網路其實也只是反映現實人生的狀況，現實人生也如虛擬的網路狀況一樣，道理是相同的，你要怎樣看待？你該怎樣看待？

2-2、接受與不反對—超重就像是超載的卡車

我一個朋友是人壽保險公司的經理，他有請一個助理，因為常去哪裡，所以跟這個助理也很熟，助理那時候算是一個工讀生，幾年下來，他已經獨立，從助理晉升為壽險副理（當然助理已經換人做了），前陣子遇到她，開玩笑跟她講「你依舊是重量級人物」，因為她大概有80公斤重吧，從以前到現在感覺都沒有稍降，因為知道她很樂觀也不介意，因為很熟，所以會如此開她玩笑，她笑笑說「也想看看能不能降下來，但就是沒辦法」我跟她他講：沒辦法是因為你接受現在這樣子：她說：不是接受，是沒很反對，反正是瘦不下來，就這樣子了。

所以想想，「接受跟不反對」，意思表示有點不同，但是很可能會得到同樣的「結果」，不反對有點默認的意思，也有同意的意思，所以不會很積極去處理該要處理的問題，如果是「反對」，意思就很強烈了，應該就會一直尋找方法來處理問題了，當然，方法有適用跟不適用，結果也會不同，但是我覺得「個人意志」也是很重要的關鍵。坊間有很多減肥的食品，有人吃了有效，有

人得不到效果，沒效果一定有很多原因跟理由，大部分是個人因素吧。

其實個人體重的控制應該是一種「健康管理」，而不只是美醜的問題，因為美醜是每個人觀看的角度問題，有人就喜歡楊貴妃型的，有人就喜歡趙飛燕型的，沒有定論，只能說是普遍認同的角度，但是健康管理卻是有一個客觀的標準。

以前我爸是開大卡車（砂石運輸）的，後來又自己經營運輸行，我在休學那一年，先是跟「平路車」（走公路的貨車）當「捆工」（專門到舊貨場收回收紙交給紙廠的），跟了三個多月轉到跟家裡的砂石車，所以那時候就開始學開貨車（走溪畔的路到砂石場，有時候公路上也開一段），當然是無照駕駛，那時候20噸（總重量限制）的車是10個輪子的，我們都統稱它為「十輪仔」，那運輸是算「米」的（一立方米），一車運個15—16米左右，總重量都在25到30噸之間（砂子比較會含水），幾乎都是超載的，所以那時候都要閃警察換班的時間跑車，不然就要常常繳稅了（紅單）。那因為車子都是超載的，所以輪胎的耗損很快，機件的磨損也是很兇，如果司機再駕駛不當，那真的是要常進保養場了。

曾經跟一個朋友提到「體重管理」的問題，我也跟他講超載車的原理，因為她週遭的朋友也都有一定重量，所以都說她很瘦，其實她已經有過重很多的問題了，又缺乏運動，肥肥軟軟的也是很恐怖的，而體重超重就像超載車一樣，一直超量耗損器官的功能，體重控制下來，人也清爽，模樣也好看，能不能多活幾年不知道（因為影響壽命的不只是形質的器官問題），但是毛病會減少許多是可以肯定的。像影星鄭X秋的女兒把體重控制下來，不管是什麼因素，她一定是到了不能再接受她先前模樣的程度了，所以會想盡辦法把體重減下來，能接受或不反對的，就加減減減看，不瘦也沒關係，所以「保重」的成分居多，至少保持不要再增加。

我也不會贊成用「藥物減重」，既然是健康管理的一環，自然是用健康的方式，飲食控制跟運動應該是比較健康的方式吧。因為昨天遇到以前的同事，一直在做「賀X芙」，遇到我看我瘦了許多，問了原因，他說你看，「運動減肥」要一年多，意思是吃賀X芙可以節省很多時間，但是看她是瘦下來了，或許是瘦太快，皮膚是皺的。而我精神健朗，心情愉快，重要的是沒什麼後遺症，又忽然想到之前跟同事助理談到「接受跟不反對」的問題，所以提出來寫寫。

以前住台中要爬個山跑步不好找地方，剛到田中時是70幾公斤，現在是63公斤左右，持續的爬山跑步是瘦下來的主因，肌肉是結實的，所以有些重量，但身形是瘦的，感覺不出有63公斤吧。

「健康」才是要瘦下來的要件，過程則取決於是否有「決心」，有沒有去做。

2-3、對於曾經喜歡或在一起的人結婚了

朋友對於曾經喜歡或在一起的人一個個結婚了，有所感慨，其實每個「曾經」都是一種背負，背負你對她或他對妳的虧欠或遺憾，每個「曾經」都是一個關心，你會想知道她是否因為沒有你而過的好或不好，不管有情無情，漂人或被漂，你都會注意她現在漂在何處？就因為曾經喜歡或在一起，那是感覺是常在的，也是你關注的，所以你會在意到「一個個結婚了」，這是相對於你

「已經結婚或尚未結婚」而有不同的感觸。

結婚算是一種轉換，環境的轉換，心情的轉換，對象的轉換，由漂泊變定居，漂的速度由快變慢，你的份量在她心中變薄變淡，或不變；跟她結婚的人結束了你的關心跟擔心，延續背負了你本來要背負的責任，除非有你想要要不到的，或是你自己沒好好把握的，而讓自己形成一種缺憾的，否則，一個個結婚了，應該是一種「喜悅」，一種達成，而不是失落。

2-4、人不應該被選擇？兩情相悅是一種幸福跟緣份

按理說，每個人都是一個自我獨立個體，有自主的意志與權利，本來不應該被選擇，但是，每個人生來對所遇到的每個人事物，無時無刻不在做選擇，選擇住哪裡？吃什麼？做什麼？買哪件衣服？坐哪班車？包括人在內？跟誰做朋友？跟哪個同事比較好？相對的，你在決定的同時，相對方成了被抉擇的對象，即使你不是有意，即使對方不知情，即使你千百個不願意，但事實就是如

此。妳應徵工作，你選擇公司應徵，也被應徵的公司選擇了。妳相親，選擇的同時也被選擇；選擇在他心裡是進行式，用他過去的經驗，以及他心中的尺度條件。選擇是不可避免的過程，升學就業要做選擇，到哪家公司上班？哪個學校上學？都是在選擇。

感情也是不能例外，男女朋友／結婚對象，更是需要做選擇，有人一見鍾情，說這就不是選擇了，是嗎？你在見面的時候選擇跟他一見鍾情，而不是跟其他人見面時。一見鍾情之後呢？更多的選擇才剛開始，有比較就有選擇，兩情相悅是一種福分，是美好的選擇，妳挑選了他而非其他人，他挑選了你而非其他人。

接受自己的選擇，要甘願，接受自己的選擇好好去珍惜，選擇錯了沒關係，努力去改錯就好，改不了就重來，重新挑一次就好，可以重新選擇也是一種福氣，有人很不幸，連重新選擇的機會都沒有，只能嘆一聲。

2-5、怎樣是對？怎樣是錯？

怎樣算對？怎樣算錯？

在人的相處中，對和錯的分辨在所難免，如果都沒有「對錯、是非」，那人的相處勢必只剩下「強弱」跟「生存」，會回到自然界中的「弱肉強食」法則。所以為了人類生活的和諧，是非對錯的判定產生一定的標準，這標準只是為了生活中的秩序，用社會價值（普世價值）建立起來的標準，所以你的對錯認定只能說「比較對」或「比較不對」，是比較性的而非絕對性的，強者是沒有是非對錯的，比如馬先生之於中華民國，郭先生之於鴻海集團，黑社會老大之於他的社團，如果他們不承認他們是錯的，請問有誰能說他錯，你說他錯他不承認你也沒轍。

那什麼才是真正的對？今天如此現象，明天也是如此現象，十年後如此，百年後依舊如此，這種真理的對，那就是自然界的法則，比如地心引力，比如虹吸原理，比如植物的向陽性，只有經得起時間考驗的才有「絕對的對」產生。所以檢測「對錯」的最佳利器就是「時間」。因為我們所認定的對錯都來自於自我的「價值觀」，自己的價值觀，社會的價值觀，甚至是普世價值觀，而這種價值觀是會因時因人因事因地而改變的，當你的對錯有人爭議時（像藍綠兩黨的問題），你的對錯就是可質疑的，就不是絕對的，只是「比較性」的對。

因此，當你想解決爭端，唯一的手段就是放下原本自己對於「對錯」的認定，與對方重新建立兩者之間共同認同的「對錯」標準。但人都有本位主義，很難做到。唯有放下原本自己對「對錯」的認定，才能解決因對錯產生的爭執問題，在太極中永遠會有相對的兩方，也就是相對的立場，有立場就會有主觀對於對錯的認定，如何讓太極運作順暢形成動態平衡，唯有平衡，才能形成一個「無極」的境界，然後跳脫對錯。

所以當黑道與警察建立共識後，黑道供養警察，警察包庇黑道，形成一個利益共同體，就跳脫社會價值認定的對錯關係了了，形成一個沒有對立的「無極」，這是小區域「警匪」這個小太極運作達成共識後形成的小無極，卻又含括在一個警界與黑社會的一個較大的太極之中，因此會被其他單位破獲這種勾結行為，於是又有了相對對錯的問題，所以當你以「時間的流」來看，對錯是不斷的變換，以自己生命以來所做的決定來看就會清楚，會不會對以前的決定感到好笑，對當時的一些執著感到可笑，學著以較長的時間（生命的流）來看事情，對錯就不會那麼重要了。

2-6、放下心裡的包袱，真誠面對

如果心裡都沒有秘密，那會是怎樣的一種感覺，一個人如果連對自己都沒有辦法真誠對待，又會是怎樣一個狀態，如果真的知道「舉頭三尺有神明」，而且就像錄影設備一樣紀錄著你的言行舉止時，你對自己的一言一行，會投入什麼樣的關注。其實，重點是你怎樣讓自己坦然面對自己；有些想做或已做的事你不想讓人知道的，有些話想講或已講卻不想讓某人聽到，有些事你又必須欺騙自己讓自己過的心安，家人、朋友、同事、小孩，你想要能面面俱到時卻又委屈了自己，有些道理似是而非，卻又不知道如何分辨。

真的，做人很難，做自己更難。其實，哪只是習慣而已，你只要習慣讓自己不要背負一些莫須有的負擔，其實這些事情都可以簡單化，只要你「真誠的面對自己」就好，面對承認自己的感覺、想法、看法，然後去釐清什麼事做起來是最沒有後遺症的就好了。

有些事就是要去面對，面對不一定是要平順的處理，有時也需要衝突，清楚表達自己的要求，當一切都是透明公開時，模糊地帶就會減少，不必要的麻煩也會減少，像處理垃圾一樣，最好是在垃圾車來時運走，而不是一味地擠壓在垃圾桶裡，自己不滿的情緒，不愉快的經驗，生活的壓力，未解決的事件……，要一件一件清走，讓自己的心境上情緒上的壓力降到最低，情緒智商需要學習，清空自己的壓力也需要學習，坦白面對自己也需要學習，當你對自己坦白後，就不會有什麼你不能面對的事情了，自己就可以輕鬆自在，不必擔心這、顧慮那了。而且，也不會產生一些意想不到的後遺症。

2-7、接受與看待的分格線—愛來了怎麼辦？

「愛」來了怎麼辦？會有困擾了嗎？

愛來了就只有一個辦法，本來就是煩夫俗子嘛，就是會有這些七情六慾、愛恨情仇的。就接受他啊，是喜就喜，是憂就憂，不用逃避，逃了這個來那個，到頭都一樣；就像是考試，終究要考及格才能畢業，這回逃了，不知道有沒有人要給你補考的機會，逃了這次，等你想要它來時，它又不見的要來了。

通常愛恨情仇都是比較「事與願違」的狀況，如果愛來了，就接受他，並且睜眼看待它怎麼發展，分的開嗎？（接受與看待之間），來了高興，去了也無傷，你要同時熱情接受並參與，又要冷靜看待這個事件。這個是標準的戀愛學分，要在戀愛中投入得到快樂，又要在戀愛的痛苦中學到智慧，「接受與看待」，「主觀跟客觀」要能同時存在。這樣才能很快轉化不愉快避免受傷害，深奧一些講，就是「心與靈」的各自獨立運作，是要透過學習的，熱情參與，冷眼看待，讓靈主導，而不是讓心帶領。

那愛情有什麼道理？愛情真的是沒道理可言，可以深深愛，但是淡淡表達，每個人表達跟接受的方式不同，修行不過是修正自己，不必要求對方跟我們一樣方式，放輕放淡是對自己心的涵養，漸漸地，緩緩地，沒有強烈的愛恨情仇，我覺得這樣才是適合我的方式，這樣不必因人因事而苦惱該如何抉擇，簡單化而已，把自己過簡單，也是一種自我。

那「真愛」要怎樣定義，愛的時候都是真，不愛的時候也是真，因時因地改變也是真，愛的時候信誓旦旦，不愛的時候通盤否認，也是真實，誰能管他真的實踐與否？只有在他一個心，人的心也是時時在做調整，調整到兩個人或一群人都想法一樣時就是真，互相調整的頻率速率不一樣，就會失真，失真不是假，就像收音機收不到頻率，電台仍舊繼續發送頻率聲音，所以他還是真不是假，每個人要求不同，所有的要求對於他個人而言都是真，因為他的感覺就真的是這樣，如何能說那感覺不真呢？

2-8、抽離—跨越自我設限的框架

會想改變生活嗎，還是只想改變一下環境而已，與其如此，不如想辦法調整心情吧。環境改變了，你的心情一樣的投入又熱衷，生活中又沒有加進一些調味料，雖然換了環境，但是個人的習慣性使然，結果還是會一樣。

有一種概念叫「抽離」，講「跳脫」可能比較容易懂，太看重自己的人，責任感重的人，思考單一的人，道德心強的人，生活很規律的人，不敢衝突的人（包括跟人跟自己跟時空衝突），這些人不會也很難「抽離」，因為在生活中同一圈圈裡循環，一成不變，生活與工作都習慣在一個又一個的規範當中，只有執行的指令，沒有建構程式的思考或解構程式的指令，是很難跳脫既有的模式，曾經想嘗試一下翹課或翹班嗎？被臨時調班或換工作位置會很沮喪或不舒服（不爽）而一整天臭臉嗎？

叫你放下手邊正在做的事趕到其他地方去，大概多久可以接受並執行，晚間在人車都沒有的路口叫你闖紅燈，你拒絕的速度有多快，如果你翹班了幾天，回來時發現公司及工作並沒有因沒有你而亂了調，你想到的會是什麼？

其實，很多事情只是心中設限的壓力，他並不是真實存在的，去嘗試一些以前想試未試的，想做沒做的，乖小孩偶爾使使壞，偶爾放下心中的顧慮，心境就可以開闊一些，把自己放開，看看能不能跳開自己設限的範圍，就會很不一樣了。

2-9、素心—要以什麼立場看正確與否？

「素心」

以不沾黏，不依附，不著色的本心看待事情，不預設立場，多角度思考，歡喜接受。

想到說要傳達「正確」的思維，我就額頭冒汗，因為已經預設了「正確與否」的立場，正確不正確，到底不知道如何分辨，當一個人會去做某事時，基本上在當下他一定認同他要做的事是可行的，是必須的，現在做是正確的（他個人認知的正確，不一定是大眾認同的正確），他才會去做，即便是搶劫，殺人，放火亦同，所以我們能做的是傳達的是一個普遍認同的觀念，至於別人是否跟我們一樣的概念，則需要互相去溝通，而正確與否，很多時候必須放下立場去看待的。

以電腦遊戲為例，所有在遊戲裡面能執行的動作，基本上都是在遊戲程式裡面已經設定好的，包括怪物的出現，病毒，槍殺，擄掠，寶物，得分，過關……等等，都是程式設計師設計在裡面，也就是遊戲所許可的，如果說上帝或神明創造這個世界，而且設計了種種奸犯科的行為在裡面，那表示上天也是允許這種行為的，所以在遊戲裡面，就是想盡辦法避開禍事，獲得能量或武器以便得分順利過關；所以人世的種種行為樣態也是一樣，種種阻礙、困頓都是一種過關的考驗，他是造物者所設計的關卡，也要正面去看待。

以考驗的立場看，奸犯科的事情，也是一種正確（以人世的法律立場看是奸犯科，就像魔王、怪物存在遊戲裡面），考驗的是當事者當下的覺醒及過關能力，及觀者的覺察、學習、判斷的能力。站在善惡的立場看才有善惡，基本上這些行為也是在上帝創造人世遊戲的允許程式內，端看你打算你要如何過關？上帝能接受它存在於他所創設的遊戲裡面，我又為何不能容？所以所有負面面向的設計，只是要讓你學習並傳達如何趨善避惡，能順利通過考關並在其中獲得能量成長，能不要受到傷害或去傷害人，並讓自己愉快過關。

正確與否，則看要過關的人如何看待，如果以上帝創造人世間遊戲規則的立場看，所有的事都是被上帝允許的，因為允許所以存在，不允許不接受的是人的觀點，也是人的痛苦點所在。

凡事，回到最初，以「素心」看待，沒有立場，去取得共同之間的平衡。

2-10、得與不得平等看待

花殘耦現，一個過程，一個過程走過，依序呈現，大自然何曾遲疑。

朋友跟我討論一些事情心得，想知道我的一些看法，耗了許久，因為發覺自己思緒「卡住」了，將近半年的時間都沒有動筆，回過頭來想想，真的，「能夠放下」真是一種幸福，放下才能輕鬆自在，能夠坦然面對並接受事情的發生，才能真正走出陰霾。

朋友提到有關「羅迦經」內有關「智」「愚」的分別？

我本來就少看經典，沒聽過「羅迦經」，而且現在比較生活中實修了，經典就更少去看了，不曉得「羅迦經」前後文敘述何事，我想經文內這樣講一定有他比喻的前後因果，主要應該不在評斷「智」「愚」的優劣，而是如何增智慧，其實愚者跟智者又有何差別？俗話說的：路一樣長（平長（等））」，就像「大智若愚」吧，半瓶水跟整池水不是水量的問題，是如何運用的問題。為什麼人生下來會有愚智之分，上帝（造物者）其實都把作用安排好了，真智慧者是會把功用真正發揮的人，在活的精采而不在多少或多久。

另外「得到與得不到」都說好，是怎樣一種心境，得到有得到的好，得不到有得不到的好：

一是一個正向樂觀積極的想法。

二是一個平等不分別心。

三是一個當下接受，當下放下的大智慧。

想「得」而避「失」或「無得」，怎樣都無法滿足「得」的欲望，得或不得都已經拘執了，「都說好」就沒有預設立場，就是什麼結果都是應有的結果，沒有立場就無得失與執著，就是無好無壞，自在從容，朋友就用這個「自在從容天地心」做為名稱，心境是無限寬廣的，應該就有這種味道。

就像朋友想要「拜師」（以前走的宮有所謂拜師的儀式，要擲三聖茭），「拜得成」當然很喜悅，有沒有想過「沒拜成」你會是怎樣心態？能夠泰然自在面對嗎？但妳可以告訴我「拜師」真正的關鍵或意義在哪裡嘛？

神明是不會拒絕人的，只有人會拒絕人，只有人會拒絕神，其實「拜師」要的是一個想「修」，願意修的心，拜不拜師都是一個理，只是心理的投射跟認同能否滿足而已。

2-11、突破侷限—開闊接受，再自我取捨

人總要有勇氣突破原來的限制（生活思想上的框框），朋友說我是豪放型的，因為我好像各種行為都能接受，都可以做，其實我是很保守的，從小所受

的教育，都是從這個不行，那個不行，你只能這樣，那樣不可以，乖乖聽話，就是不可以，從這樣的教育開始，總是一個框框一個框框的加上來，但從來沒人告訴你為什麼不行，為什麼只能這樣做，那是很單向，很唯一的一種行為模式，我也是四維八德，倫理道德下的產物，高中論孟課，奉為圭臬，國文老師就一直強調這是要去做的行為標準，不是用來考分數的；一直到大學讀中文系更是，但總有想離經叛道的念頭，會偶爾稍微逾越一下，卻也脫離不了那個從小到大思考框框內的行為範疇，所以雖然高中讀了兩年就沒讀了，但也不得不回到聯考的機制上，行年入40時，應是不惑之年了，卻經歷了一些不同生活範疇的人事，不同於原有想法看法的事件接續發生，後來被引進到靈修的路途，終於開竅，也容進了更多觀念及經驗。

原來很多事情原本就存在，只是我們沒去體驗經歷而已，終於把自己大腦打開，開始嘗試其他更多的歷練情境，把自己的包容度跟接受性一次再一次擴大。可以接受，可以包容，只是清楚事件存在的事實，不必批判，不必惱怒，只要了解接受。事實上不同存在的境界，有不同的看法模式，就像電腦微軟程式，他包容萬象幾乎所有軟體它都收納進來，為的是你要用的時候方便，電腦熟悉程度不同，使用電腦程式深度及軟體也不同，也好像硬碟，妳裝到600G，但實際妳在用的可能不到100G，你收了各種遊戲軟體，但你通常玩的可能就是那2~3種，但是那些軟體就是存在，不管好玩不好玩，用得到用不到，你還是要裝到600G，以便可以接受更多資料及程式，只是如此而已，知道卻不一定去用。

所以讓觀念想法多樣性，希望可以把接受度拉到無限大，只是期望把可能的不愉快，受傷度，驚訝度壓到最低，把對事物的不滿意，批判性降到最弱，然後對在意料之外的結果的接受反應及轉換心情的時間能縮到最短，痛苦度減少，快樂度相對提升。

各色人的行為模式，原本就在造物者的程式設計範圍內，所以會在人生活的環境裡出現，包括違反善良風俗習慣（人的認定）的罪惡行為都是，當然也包括男女情愛間所可發生的各種行為狀況也是，保持讓自己清楚知道，但要不要去做，要自己清楚判斷，自己決定；別人做了，也要容許，如果你容許自己做超乎倫理道德或違法的事，你也要有容許接受社會制裁的運作，也要有容許接受所有人唾棄你的心理，並容許他人以相同之道還治於你的這種事情發生，公平是相對的，不是單方性或絕對的，所以要不要去做，看每個人心中一把尺，你要知道這把尺有多長，並持續將它延伸，也要註記你能做的尺度，就像文工尺，上面有註記吉凶富貴，你可以毫無忌諱，也可以選擇紅色吉字尺寸，但你要選黑色凶字尺寸，也沒人管，只是接受心態的寬廣而已，反正後果是個人自己承擔。

2-12、歸零—是一個心態

最近聽到幾位朋友退休，應該算還年輕的吧，卻選擇從原先職場上退下來，或許是自己生涯規劃，或許是制度問題，他們都選擇了一個「歸零」的動作。

「歸零」，這個詞在以前參加傳直銷的場合上時常聽到，業績每天歸零、每週歸零、每個月歸零，每天都是一個新的開始，不管過去一天如何，這樣每天鞭策自己。

實則，業績歸零，客戶卻是不斷累積，而實戰經驗及判斷功力也是日積月累並沒有歸零，而最終成為行業中的佼佼者，其實，哪個行業不是時時刻刻歸零，只是形式不一樣，我的行業是一個個案一個個案歸零，每個個案都是新的開始；上班族，公務員不也是每個月歸零嗎？而退休也應該算是一個歸零的動作，只是這個歸零以後，要做怎樣新的一個啟動，延續原有的經驗知識跟能力再出發，還是從一個新的航道出發，其實只要擁有一個接受「歸零」的心態。重新起跑應該是輕而易舉的事，只怕心態不願歸零，無法歸零，不願再學習新的事務，才會茫然迷網。

而有些歸零則是非自願性地，之前，在九二一地震前幾年開始，房地產慘澹經營，到九二一時，很多建設公司、代銷公司不僅在這時候歸零，甚至是負數，但很多老闆在嗣後數年仍能東山再起，應該也是接受「無情的歸零」動作後，勇敢走出低潮，雖然是一個被迫的學習，卻也是寶貴的經驗。

在職場上，「歸零」應該也算是一個機會的轉換，不管是自我意願或是被迫，一個操作不當或是情勢使然，都可能造成非自願歸零現象，這算是一個轉折點吧，樂觀者調整心態勇敢面對尋求轉機，悲觀者抗拒它而沉陷在其中的無奈，當被迫歸零現象發生時，自己將如何面對？是否檢測一下自己。

那情感上呢？你有歸零的能力嗎？尤其是離婚以及受過情傷的人，你歸零了嗎？對於新的一段感情，是帶著以往的痛苦及陰霾疑慮走進去，（如果是，那大概就已經注定結果了），還是將情傷歸零，轉化成為新感情的營養補給呢？（消化前段情傷的不愉快經驗，去調整自己面對感情的態度及做法，成為別人更好的下一個男（女）人呢。）

2-13、信任—信而後能任

只要參加過救國團活動梯隊，或是上過潛能開發的課，應該都會玩過一個叫做「信任」的遊戲，表面上是一種遊戲，是測試你對你的搭檔的肯定度有多少的一個遊戲也是檢驗，實際上應該也算是一種心理分析，對於未曾謀面的兩個人，到底會有多少信任度？

陌生人的信任，本來就是一種奢求，但也反映出人對於陌生的事物，大都抱持著防衛或者敵對的心態，越單純的社會應該對陌生人的熱情是越高的，因為遇到的負面的傷害越少。相反的，越是人際複雜的社會，則敵對與冷漠對待的程度越高，這是教育來的，這教育來自家庭、來自學校、來自社會、來自個人受傷害的實際經驗，來自於媒體的渲染。

在理論上，文明越高的社會應該是越能互相理解的，因為教育水平高，知識程度好，對各種文明現象接受及吸收度都要快要好，而且各種社會行為的規範越詳細，應該更容易遵守，而成為一個祥和的社會的，但事實上卻不然，所以「制約」是外在加諸人的行為準則，並不能保證人會依照規矩來做。社會大同，天下為公，是很純樸很理想的境界，共產黨的理論也沒有辦法做到，更何況是資本主義社會，文明只有讓人與人間的信任越來越悖離，想來孔子跟孫中山的理想世界只是烏托邦的想法。

而在感情世界裡，「信任」更是必備且必要的，但是往往沒辦法做到：

一來初見面的男女出於陌生不了解。

二來社會事件影響人對人的觀感。

三來潛在自我保護的意識。

即使男女交往結婚了，信任問題仍舊沒辦法解決，還是很多的忌妒與猜疑，當然大部分是受既有經驗的影響吧，但很多狀況還是來自於自我保護，保護人身自體，包括身體的、心理的，以及無形的自尊；再來保護自己擁有的外物（既得的），事業家庭子女，而且很多是屬於「心理連結」的部分，並不是實質的擁有，怕失去，怕未來的不確定性，怕心裡的依附被剝奪了，所以盡全力防止並保護，於是約束、管制、澄清、追查——全部來，結果「信任」問題越來越嚴重。

當然這牽涉到關係雙方的互動問題，但是信任是一種心理狀態，即使互相交代再清楚，也不一定會贏得信任，但是這是基本要做的，即使你行蹤交代的清楚，但還有一個交代時的心理反映問題，一個眼神，一個嘴角，一個揚眉，舉手投足……，每個細節都關涉到是否足以信任的判斷，若是曾有不被信任的記錄，那就更是辛苦。

所以很難……

只有自己願意，只有自己心態肯，信任才會建立，沒辦法外求，用放心，求其放心，放心相處，才能拉近彼此的心，（這又有點玄，既然把心放了，如何能拉近？）夫妻間的信任問題，應該來自於害怕失去，害怕不確定性，其實最重要的一部分是來自個人自信心的不足，應該不只是夫妻之間，而是相處相對應雙方都存在這種問題，所以不是把自己本分做好盡到責任就好了，還有雙方心理的滿足，所以我說要自己願意，因為滿足點只有自己能設定，壓低慾望，可以提高滿足狀態（壓低滿足點），是個人心理的問題，信任到哪個程度，也都是個人心理的設定。只有把自己能量充足，才能接受信任。

2-14、歡喜做，甘願受

證嚴法師名言：甘願做，歡喜受，這境界算是高一層了，不論什麼事到手上，不管喜不喜歡，都要轉換心境去接受，然後去做，而不管結果好不好，都要以歡喜的心去接收承受，說起來好像容易，做起來不簡單，也是要一些修為才有辦法。因為人的喜怒哀樂情緒是很直接的，要把原本不喜歡不願去做去接受的事，調整到甘願歡喜，這要能先沉靜下來多久才能再出發啊，好像汽車換檔，D檔前進要打倒檔，必須先退回空檔，而進空檔需要有一個「按扭轉換」的機制，（現在的好像取消這個按鈕了），懂得這個機制才有辦法控制，不懂得就謝謝了，就是沒辦法轉換。

這又是為什麼？到底人還是以「人的自我」一直在控制，對於不喜歡不願意去做的人、事、物，一般是很難強迫他人去接受，除非他自己願意，比如去愛一個人，去改變一個習慣，去調整一個行事風格……等等都是，都是喜歡了才會去愛，自己願意了才會去做，所以都是「歡喜做」，但做的時候歡歡喜喜，對於別人的忠告，提醒，阻止，都視若無睹，聽而不聞；若他人也是鼓勵，贊成的，更是心中歡喜，有人認同，我是對的。但是後果誰能來擔保？負責任的，承擔的，不是反對的人也不是贊成的人，而是做的人自己，也只有做的人自已去承擔；你說是某某叫你做，某某也贊成你做，問題是，如果你自己心理不接受不願意，誰能指使你做，你說被強迫，強迫也是你自己的抉擇，抉擇了，做了，就是後續後果的承擔問題。

所以對於自己所做的任何事，都要轉化，要甘願去承受，心裡要甘願，甘願了才有轉化的可能，不甘願則怨氣會持續凝結，所以要「想辦法處理解決問題」，而不是一直檢討問題，抱怨結果，不管被愛或去愛人，離棄或是被離棄，都是一樣，你的心要甘願，因為你曾經歡歡喜喜去做它，即使你不是歡喜去做，但已經做了，結果也是要甘願接受，（即使被強迫侵害了，也要甘願去承受才能走出陰霾，因為你抉擇了活下來，不管是自己生活或揪出兇手）。對於感情的進入與離去，也是都要甘願接受，接受有口頭接受，心裡接受，心裡接受了才是甘願接受，承認有痛苦才會想去減輕痛苦，承認有病才會甘願去治病，一般感情會辛苦，是因為想留又留不住，或想進入而進不去，認為自己失去了什麼，或得不到什麼。其實你愛的人本來就不屬於你，你何曾失去愛人，從無到有再回歸於無，只是你的愛「投射的對象」不見了，像投影機布幕拿走，只是變模糊了，你要再找到可以當布幕的物品，但是何必一定是那個布幕呢？那一般人就是執著於當時那一個，所以跳脫不了，以為只有那個布幕才可以明顯顯像，其實不然，很多布幕或非布幕都有這個功能。

痛苦的人，只是拒絕嘗試去尋找其他布幕而已。

我之前就一直在想，證嚴師父說：「歡喜受，甘願做」，但一般人境界沒那麼高，大都是「歡喜去做」，很高興去戀愛，很高興去遊玩了，但當有痛苦來了要如何？只能調整自己：「甘願受」了，甘願了就沒事，歡喜去做的就甘願去承受，沒人能強迫你去愛一個人吧，你歡歡喜喜去愛一個人，被放生了（或被強迫放下了），又何必悲傷，被放下了就甘願啊，看看自己為什麼被放下，勇敢的自己再提起來，再提起也要歡歡喜喜將自己提起。

2-15、接受

接受……很難嗎？

不會吧？你喜歡高興在預期中的事，很容易就接受了啊；會難是因為問題出在：你不喜歡，出乎你預料之外，跟你想法相反的事。

要接受，容易嗎？

本來黑白、是非、善惡、好壞都是相對存在的，只是我們從小的教育，就是不能做壞的、惡的、非的、黑的，沒錯，是不能做，但是你不能將它視為不存在，你不能不了解它，因為它就是真實的存在，你還要知道如何適應它，應對它。做不做在個人意志，所以很多事情都要去了解，重要的是：要能去接受，起碼要能不拒絕，接受不只是是非、善惡、黑白、好壞，只要是發生在身邊的事，沒有什麼不可能的，什麼事都可能發生。那要接受，接受「什麼事都可能發生」的概念，接受事情發生跟不接受事情的發生，產生的回應跟處理方式會不一樣的；老公有小三了，老婆外遇了，不可思議的事來了，不用抱怨，不用驚異，下一步該怎麼走才是重點，接受事情已經發生，接受問題，正視問題，承認它的存在，就是個問題，有問題才有解決之道，沒問題怎麼解決問題，因為會沒有要處理的的對象跟目的，接受問題的存在，才開始進入解決問題的核心。

第參章：人間錯愛——真做假時假亦真

3-1、分手的原因跟理由

人在世間走過的也必留痕跡，分手你要留下什麼？

謝謝linlin來跟我分享分手的哲學：

中國人真的很不會分手，不是迴避，就是牽扯不清，要不就追根究底，要理由，其實「不適合」也只是理由之一，好聚好散也是認命而已，爭論去看對錯更是無意義，會分手一定有原因及徵兆，只是很少人願意去探討造成分手的過程，去承認問題的存在。

對錯會因觀點立場不同而有不同的解讀，如果你能享受當下並認真去對待，則不管在一起或分開你都會清楚了解，而且都能愉快的接受。

以我自己離婚而言，當自己重新審視婚姻相處的過程後，才發覺離婚是必然的，不是因為前妻去工作跟老闆相處的好才離婚，而是夫妻相處的模式有問題，才導致她覺得別人比較會照顧，才是它需要的，後來也很佩服他追求自己幸福的勇氣，因為畢竟社會觀點還是比較不能包容放下孩子的女性吧，但你能說她錯嗎？

以她當時的立場言絕對正確，「花是要給會照顧花的人照顧」，不適合照顧花的人終究要被花捨棄（即使不離開，花還是要以枯萎來做無言的抗議），明白了這些道理，分手自然就很容易接受了，當你明白以後，你就會調整照顧花的方式，或轉換好照顧的或是合自己照顧的品種了。

這是婚姻的學習，分手也是一種學習，相處也是一種學習，學會了就升級，你現在跳過了以後還是要修，否則也是要留級或重修。

你能如此看待分手嗎？

不是對錯，不是適不適合，適合的也會分手啊（另一個階段的成長到來，或出國，或工作求學……），而是你認真或不認真對待，互相有沒有用心，如果你已認真對待並且學會對待的道理，珍惜當下在一起的時段就值得了。

分手是一種成長，也是一個新的契機，「成、住、壞、空」是一種循環，也是自然界生、老、病、死的自然道理，人的聚散離合也隱隱合於這種道理；

如果以求學的功課來比喻：

國文是六個學分，英文是二個學分……等等，一個學期要22個學分，讀一年級有一年級的課程，二年級有二年級的課程，……考試及格了，學分夠了，就升級了，最後畢業了，沒必要在繼續留在學校，必須進入社會，開始歷練新的人生過程。親情、友情、戀情、每一階段的感情，每一件你所遇到的情事都是你的功課，功課通過了就往前進，好像遊戲通過了就到下一關，不必一直停留在原地，停留原地反而變成一種阻礙，鞋子太小了或磨壞了，是因為你長大了，也認真在穿他，原來的鞋子完成階段性任務了，該捨棄時自然該捨棄換新鞋。

情侶相處也一樣，或許半年一年，或許三年五年，你從相處中學到什麼才是重點。打遊戲不過關，一直用同樣的模式、路線、打法，可能打二十遍也過不了關，交男（女）朋友都用同樣方式對待，結果可能都一樣，跟A是這樣分手，跟B也是這樣分手，那表示你沒在調整改變，那你學到什麼？如果換個方式，換個姿勢，再來一次，結果可能一百八十度不同。

所以分手要怎樣看待，或許功課已經學會了，換一個功課給你，或許一直沒學會，要再給你重修的機會，只是，你有沒有認真去修，有沒有找到方法去修。

接受任何到來的結果，快樂去面對，修不會就再接再厲吧，檢討自己面對的態度，調整自己的腳步，只要你是花，蝴蝶蜜蜂就會靠近，否則，下一個再好的男（女）人也會被你搞糟，而不是更好。

認真的看待過程，而不是一直檢討結果。一步一步都作對，結果要錯是很難的。

3-2、你是我的？談相處關係的質變

有關人與人之間的相處關係的變化的探討，人與人之間的感情是最需要修行的部分，也是最經常接受考驗的部分，在感情上要如何修？其實還是一個「心」的問題，一些觀念想法給大家參考一下。

擁有是一種喜悅也是一種責任，是對「愛」的認知，而不是控制或支配慾望的展現，常聽到「你是我的」女朋友，「你是我的」老公，「你是我的」小孩，那到底是不是真的是你的？你真的擁有了她嗎？擁有是真的擁有嗎？兩者

合為一體嗎？還是只是「心的作用」，只是心裡認定而已？對於別人的東西，我們常被教育到要尊重，尊重別人的物權，所有權，要拿別人的東西要告知，當然因為也牽涉到法律層面的關係吧，但對於「屬於自己」的東西，就很少人會被教育到要「尊重」，大都會停留在要「珍惜」的層面，尊重跟珍惜有些相近，但尊重出自於內心對他物的尊敬與重視，是對外物獨立性的認同；珍惜則是對自己擁有物的保護，出於物力維艱惜物的概念，對自己擁有物權的保衛，「尊重」會因相對個體存在的方式而改變，珍惜則會因自身的需求狀況而改變，以這兩種概念同樣用於無生命物體的對待而言，結果可能是一樣；但用於對待另一個生命體而言，在態度上及相處過程上，結果可能就會差很多。

事實上，一個生命體不可能歸屬於另一個生命體，每一個生命體都是獨立的個體，奴隸時代，是將奴隸物化，所以有所有權，可以買賣、使用——那是身體的部份；心的運作則無法控制，（有人說可以洗腦，洗腦基本上就是承認心智的運作不屬於他，所以要洗。）基本上它還是一個獨立運作的個體，小朋友如此，女朋友也是，另一半也是，所以當對這個獨立的個體認知「還不是你的」（是別人的）的時候，大部分我們都是給予尊重，在適當距離下，因為尊重，使人的相處關係維持一定和諧的狀態，但當互相「隸屬」的關係建立後，往往轉就變成物權概念的對待了，變成「你是我的」男（女）朋友，「妳是我的」老公（婆），「你是我的」情夫（婦），「你是我的」兒子（女兒），一旦出現「所有權」概念的認知，其他使用權，支配、管理、限制等擴張性的權利跟著產生，尤其是建立在金錢（物質）交換的關係上時更為明顯。

其實這只是一個認知觀念的質變而已，實質的個體並沒有改變，但因為認知的改變，使得對待態度跟方式跟著改變，是「自己」「心」的認知的改變，並不是因對方調整而改變。

以一般狀況而言，男女在互相追求的階段，尊重是最完整的，成為男女朋友以後，漸漸有所有權的觀念，但因為這種所有權（互相隸屬）關係不是很明確，所以尊重還是有的，珍惜的觀念也應運而漸漸產生，因為可能是好不容易追到；至於結婚以後，因為一紙結婚證書確立雙方歸屬關係的存在，很多人就以為是「所有權關係」的確立，既然是所有權，控制支配的慾望就跟著產生來了，那就糟了，「結婚證書」是要證明你們相愛，願意互相關懷，互相扶持，願意互相照顧，一生一世共同生活，而不是給予你們互相控制的權力的所有權狀啊，她不是買賣的證明或財產證明啊。妳是我老公，所以你不能在外面跟其他女人嘻嘻哈哈，你晚上八點半前要回家，妳是我老婆，你不能在外面跟其他男人講笑話，逛街不能超過兩個小時，要回來煮晚餐；生了小孩，小朋友是我的財產，妳要怎樣怎樣，妳不能怎樣怎樣，怎能如此？有這種概念就很慘了。

其實，不是男人變了，也不是女人變了，是觀念變了，「成於心，形於外」，這就是為什麼婚姻關係會惡化，為什麼親子關係會不好，男女朋友會越行越遠的原因，因為「尊重」不見了，別人的女兒（兒子）變成我的老公老婆了，孩子是我的，我要怎樣便怎樣，「尊重」不見了，耐心就消失了，貼心就不見了，呵護也沒了，感謝也省了，很多事情變成「理所當然」了，有良心的還會珍惜，沒良心的就頤指氣使，是我的愛怎麼用就怎麼用，是這樣嗎？是真的理所當然嗎？

其實男人會變壞，很多都是女人寵壞了的，這女人包括媽媽，包括女朋友或老婆；對另一個生命體的物權，所有權歸屬的認定，是父系社會時代，是威權時代的觀念下的衍生的認知（傳統男權至上），成為既定的社會價值觀，很多女人也不知不覺中接受也受制於這種概念，而不知道提出自己的權益，一方面受限於傳統觀念下制定的法律跟道德制約（如古時候的貞節概念，現在的通奸概念，所以寵壞了男人），另一方面則出於經濟上的弱勢（女主內），雖然也有男人是弱勢的，因為傳統制度下建立了很多保護男性權益的觀念跟做法，但因為習慣了卻不自知，也就缺乏對女性的尊重的意識，也影響男女平權的認知，所以女人寵壞男人也是不自知的。

所以，為什麼人相處關係會改變，要如何調整這種改變？只要調整對「所有權」及男女平權的認知概念即可，這要雙方共同去處理的，有時候也很難，因為要既得利益者或強勢的一方放棄既有的權利是很難的，怎樣讓對方認知你是「獨立自主的個體」，請給予應有的尊重，這需要時間來調整。

我想男女朋友或夫妻會結婚在一起，最初一定是互相傾心，絕不會是因為對身體的控制，或是為了報復對方，那為什麼漸漸迷失哪個本心？起了質變？所以要引導回到初心，把當初的本心找回來就好，因為愛，所以要互相尊重，是因為互相的吸引，是我樂意為你所有，而不是因為你的控制與支配。

3-3、婚姻結束=婚姻失敗？

花開過又謝了，算不算開花失敗，婚姻結了再離，算不算婚姻失敗，花會再開，婚也可再結，婚姻失敗應該是你結了多次婚，卻一直是同樣原因造成同樣結果，一直在做結束的動作，才算失敗吧。

人常常迷失在要「一次成功」的思想障礙裡，分兩次，分三次達到最完美的境界，真的不行嗎？你真的不允許自己多做一次，兩次嗎？

婚姻結束是不是等於婚姻失敗？大概大部分的人都會以失敗來認定自己婚姻的結束，事實上每個事件應該都是無好無壞的，成功怎麼界定？失敗怎麼界定？每個人的認定標準不同，接受也不同，重要的是你自己的心，隨著你的心的認定來影響你，應該都是一樣的吧。

會的從事件中學習，不會的從事件中墜落，一個人要如何學會自在，若是只有自己一個人，就要去學會愛自己，不再把心往外追求，愛自己的人才懂得如何愛別人，將心比心，自己都無法照顧好自己的人，怎樣去照顧別人，自己照顧好自己，那跟你相處的人就可以省下很多用來照顧你的心力，別人還會不輕鬆嗎？

一般女人比較會在婚姻問題中自責，男人則往往指責對方過錯，所以要向女人學習「反躬自省」，很自然就可以中和婚姻的感覺了，就可以很快走出婚姻的陰霾。

不知道你是否已經從自責中出走了，學會認識沒有對錯的問題，婚姻是兩個人的相處，互相出功課給對方做習題，敵對仇視是功課沒做好的結果，當你認為自己是失敗了，你肯定對方真的認為他成功了嗎？

可以嘗試去問一問，如果雙方都沒有人認為自己成功（成功失敗是相對的），請問那失敗是從哪裡來的？婚姻結束——我稱為結束是因為它本身是中性的，很多女人會認為是失敗，其實是沒有必要，這只是你在學習怎樣才能成功的過程而已。不要在心理一直有陰影存在，婚姻結束有結束的快樂，留給你自己去體會了。

3-4、過去的男人變得很墮落，你會管嗎？

人都很喜歡將責任往自己身上背，也都有無止盡的同情心，但是卻搞不清楚該不該背，或值不值得同情，盲目不是罪，卻是痛苦的深淵。

問這問題的朋友，前男友過的不如意，又有吸毒現象，算是落魄落難了，朋友非常同情，想說能不能盡一點心力，只能說—哎哎唉！無奈啊！

女人就是會有點這樣搞不清楚狀況，（就像發問的這個朋友），一直以為自己有魅力影響其他的男人，可以拯救墮落的男人，把莫須有的責任往身上背，「過去的男男友怎麼了，都是我不好，是我害他們這樣的。」真的是，分手的男人了又跟你什麼相干？每個人都有獨立自主的思考與自我決斷的能力跟權力，男人自己不願意往好的方向走又跟你什麼相干？你真的以為你有起死回生的能力嗎？又同情，又在意，是不是要連自己賠下去呢？哪對得起現在的男朋友嗎？

緣份就是這樣，該結束就結束了，有什麼好牽扯？何況各人又都有自己的男女朋友了，你想回頭關心，問一問你現在的男友，問一問別人的女友肯不肯，你要把你現在男友放在什麼「位置」，需不需要把你跟你以前男友的恩愛史講一遍給他聽，讓他了解你必須要去救他的理由？如果是這樣，我想可能他會覺得自己神經病，跟一個頭腦不清楚的女人在一起，還那麼久。

既然你知道是一個深深「愛過」，愛過就是已經過了嘛，你說愛「過」你不知道「過了」的意思嗎？都已經過了，你還回頭幹嘛，當救世主嗎？你有能力嗎？既然過了就讓它過就好了，那已經不是你的問題了，不要把問題往自己身上攬，也要惦惦自己的斤兩，再看看你目前身邊的這個人你還要不要？不要一味的母性發作，沒智慧的同情心會害你很慘，讓自己陷於泥沼，不忍就去關心他啊，等你一起墮落的時候，看誰來關心你。

女人，還是要有點智慧，努力把握到手的幸福才是真的，千萬不要找自己的麻煩。

3-5、該留還是該走—夫妻要互相提攜嗎？

淺淺淡淡，這是生活的色彩，如果一直要求每天多采多姿，還不知道要怎樣過生活咧。

一個人的氣度決定視野的深度和廣度，但生活的深度卻要經過淬練，對於相知相惜的兩個人，如果在一起生活之後，沒有共同成長或互相提攜，在漸行漸遠之後，該如何去調適？

其實「變」真的是宇宙不變的真理，差別只是在「時間」的問題，什麼時候變，或該說「什麼時候把這個變顯現出來」，差之毫釐，失之千里，這已經是常識問題，關鍵是在「拉多遠，拉多久」才會發現差這麼多。

以前讀大學時，總覺得學歷應該沒什麼差，能力比學歷重要，後來結婚了，一起生活下來，才知道原來會差這麼多，不是優劣或高下的問題，也不是高中大學學歷的問題，而是經過聯考的心理試煉，那種時間煎熬及自我要求的淬煉，打造出不同的耐壓性及觀念看法，再加上四年的學養，原來，生活觀念，對事態度，價值觀判斷可以差很多。

這還只是初步的差別，再來還有，社會歷練也是一種學習成長，人情世故的衝撞，也可以補學歷造成的差距，不見的只有學校（還有所謂的社會大學），不同的管理階層，看法想法會不同，思考的角度也不同，經營者與上班族對人事物看法也會有所差距，所以高度（主管層次）決定視野的深度和廣度，而深度其實也在升遷過程中培養出來，上下之間的溝通真的是必要且重要。

夫妻相處也是一樣，生活的寬度、廣度、深度歷練不同，步調不一致了，層次跳開了，要不要溝通提醒是一個問題？接不接受溝通提醒是另一個問題？能不能察覺差異點的產生也是問題？為什麼婚姻是愛情的墳墓，因為很多人結婚以後腳步就停滯了，固定了，沒有再學習長的動力，以為人生階段到婚姻就完成了。

其實溝通不了是很麻煩也很痛苦的，對於不前進的人，是沒有理由沒有資格要求前方的人坐下來等的，願意等是一種「惜情」「念舊」，是他（她）的修為跟情義，而不是他（她）的義務和責任。但一般人都會認為夫妻應該如何如何！要幫夫啦，要共渡難關啦，女人要貞節啦，要嫁雞隨雞啦，但相對對男方是否相同的要求？以前的教育觀念是如此，害慘了許多女性朋友。

現在變了，女性自主性增強，夫妻關係並非買賣權利歸屬問題，但一般人會視為就是終身權利歸屬，夫妻應該同運同命，但實際上這種觀念要雙方共同認定，如果盡了力，顧了情，對方仍舊停滯不前（這跟努力奮鬥卻無法成就不同），試過了，溝通了，不行該走就要走了，一般處於靜止狀態的人要覺醒很難，我覺得還是要用霹靂手段，才有辦法震醒他！

再者，孔子曾講的「陳力就列，不能則止」，夫妻關係也是一種義務責任的工作，「不能」，應該包括自己的不能與相對方的不能，所以「止」也是很重要的一個抉擇，在不同的高度是很難一起生活和互動的，你覺得一個人應該「降格以求」嗎？有些工作或許可以，但是人的相處會很難，因為工作會升遷；人的相處狀況，若沒有並進，就只有差距越來越大，沒辦法靠升遷彌補，所以該去該留，應該看對方的表現及誠意度，但決定權是在自己；前進不是問題，該前進時不前進才是問題？該踩煞車嗎？做事情或許需要踩煞車，但個人能力的培養及價值的創造（修與行，行再修的進程）應該沒有踩煞車的理由。

夫妻間是否是真愛？是需要經過比較調整的，也要經過很多考驗，比較的項目及型式每個人不同，每個人心中都有自我需求，自我滿足的準據，這是很主觀的問題也沒有一定的標準，對方不成長，我們選擇放棄，那也是一種比較，跟自己以及過去的自己還有相對方的狀況比較，應該說「夫妻間的經營」，是在調整雙方間的腳步，讓進程相同，變的方式角度及速度都相同的話，就沒有因差異而產生的去留問題了。

夫妻間要經營什麼？還是要經過互相相處體驗過後，才能清楚，交往就是一個選擇比較的過程，沒經過選擇比較，可能連要經營什麼都沒有交集，一起生活了，又是一個選擇比較考驗的過程，人生就是一個選擇比較，一個考驗的歷程，考試不好，重新讀過重新再考，而不是發現不及格了就讓他「死當」在哪裡。何不讓自己有重新來過的機會。

3-6、人不執迷不為人

放得下真的是一種幸福，偏偏人就是放不下。

追求不到的放不下追求，該捨去的割捨不去，尤其是需要轉換時，既得利益捨不得放棄，既有痛苦也不知道如何放下；愛情是沒有什麼道理的，但是造成傷害時就有道德良心的問題，人是這樣執迷，人不執迷就不稱為人，不管是明知故犯或事與願違，其實都只是一個「不捨」，對已經得到的不願捨去，對未得到的不捨追求，很多人說愛情沒有對和錯，但對和錯不是自己說，要能禁得起道德和社會的公評，畢竟這是群體的社會生活，沒有對錯是在不傷害到相對方或相對方以外的第三者時，當出於是兩相情願的情況時，才能說沒有對和錯，因為是兩方都認同，都願意，那自然就無所謂的對錯，但牽涉到三方以上而且有人不認同時，對錯和傷害同時產生。

如果要有第三者或要當第三者的狀況時，那就要扮演好第三者的角色，人是「得寸進尺」，好還想更好的動物，坐二想望一，當做第三者不能安於第三者身分角色時，想進一步扶正，問題就來了，此時就不是愛情沒有對和錯的問題了。

人就是這樣，當自己離開一個痛苦深淵後，往往忘了痛，於是重蹈覆轍，不是再一次經驗痛，就是製造同一種痛給他方，卻沒辦法自制，就這樣循環。

執迷就會有「悟」跟「不悟」的現象，當哪天能靜下來，真正擁有，捨去該捨去的，放下該放下的智慧時，才能真正體悟到「愛」的快樂。

能「節制」是一個很高難度的修行

——給失去所愛又成為第三者的愛的朋友

3-7、女人越自在，男人越愛

離婚率隨著外遇事件一起飆高，因為在「無婚」狀態，接觸的對象是自由的，關係是自在的，但是你不知道對方是如何？你會被什麼樣狀態的人所吸引？關係怎樣發展，事先無法預知，你自信可以控制，等一腳踩進去了，問題浮出檯面了，抽不抽腳又考驗著當事人；女人憑感覺接受男人，要抽腳不簡單，男人看外表追逐女人，看到另一朵花新鮮就急急飛去。

無婚狀態的女人最自在，其實自在的女人最吸引男人。男人不是被管來的，男人是被你吸引來的，女人卻只想管住男人。

你越自在越不受男人左右，越不管他，男人越想黏你（越得不到的越有征服感，這是男人本性），但是自在也要夠自信，只要不被男人牽著走，女人就夠自信，問題是總有女人認為沒有男人不成世界，所以女人沒有男人時可以揮灑自如，但一沾上男人就又全盤崩潰（跟吃毒品一樣），又把自己隱藏淹沒了（把自己交給男人，忘了自己），因為情傷往往讓女人久久不能醒來，當一個關愛，一個貼心溫柔過來，於是又不自覺迷迷糊糊被另一個情傷的源頭所接引，如此循環不息。（以上當成普遍現象，會有特例，不必然盡是如此）。或許離婚，至少是解決當前的緊張狀態的最快方式，婚姻關係的重組，可以讓大家獲得舒緩一些，但是無婚狀態久了，生理心理的平衡多少會失調，於是期望新的相對關係產生，一旦這種關係發生，變成兩個人了，不管婚或不婚，兩人世界的關係重又展開，又再度陷入緊張狀況。

其實緊張的問題根本：在於要求是「唯一」的心態，結婚時要求對方是唯一，交往時要求對方也要唯一。

問題是：你用什麼相對等的價值換取對方的唯一。

你說用你的一生（你的一生是多久？），你說用你全部的愛（那是不是以後沒有愛可以給別人了？），你說用你的身體（人會老病死），都不行啦，價值的判定每個人都不相同，要「唯一」就是要讓對方心甘情願，這就需要高等智慧了，（你要如何做，對方才會心甘情願，然後可以心甘情願多久？）如果可以「唯一」，離婚率就不會那麼高了，但是要容許對方不唯一是何等的困難啊。

要求對方的對方容許第三者存在也是困難，所以會無解。有解的方式就是，第三者維持當第三者的心態就好，保持好第三者的分寸，擁有第三者的人也要保持極度機密備戰，大家各安本分（一是「不做」「不擁有」，二是做了安於已做的本位）。

個人之前在離婚前也曾尋求婚姻協談，做心理諮商，做了12週20小時的諮商，效果不彰，因為雙方接受的程度不同，後來聽說心理諮商師自己也離了婚

（有證實已經離婚），所以說「愛情沒有專家」，「婚姻也沒有專家」，那要如何是好？

就只有「自在」而已，自在接受，自在捨去，要求對方越多，受傷失望就越多，自在做個自己，然後關懷對方，不要要求對方全部的愛，也不要限制要求對方，雙方各盡本分，給對方相對喘息的空間。要認清，相處愉快是互相的「吸引力」，不是控制力。

如果不得已要做第三者，就把第三者的界定搞清楚，就做個快樂認真的第三者。

怎樣做？樂於接受隱藏的身分，樂於接受常相別離的狀態（享受偶爾相聚的幸福），不去干擾相對方的正常生活，建立自己生活的樂趣（會享受孤獨），只要你不去破壞第三者規範，不干擾影響或威脅到第一者地位，就沒有道德傷害的問題發生。

就怕不甘於當第三者，甘願就不會有事，甘願接受就自在，越自在男人就越愛。

如果沒辦法建立或認清第三者的思維，徒然製造困擾，你是沒資格做第三者的。也沒資格去挑逗第三者。

——給為何不做個快樂的第三者的朋友

3-8、第三者是不能修的功課？

修出一條路來，看天無絕人之路。

道德與法律只是人的設定（要想很久才會通），並不必定是真理，有些國家「通姦」是除罪化的，所以維持婚姻跟感情熱度是靠雙方的努力，而不是靠法律，人通常以既有的觀念及經驗做行為判斷的準則，鮮少去思考這些行為規範的來由，法律是可以修改的，觀念也可以改變或調整並重新建立，只有大自然宇宙的法則是遵循一定的規律的，但難免也會有脫序演出（如隕石，彗星之類），臺灣也已經有人倡議通姦「除罪化」，所以婚姻的維持將進入一個更貼近於人性的新的模式，讓人重新思考維持感情必要的條件和必須的作為，是對於雙方需求與付出的相對等的滿足，而不是「對和錯」或「合不合法」的問題。

對於這樣的感情方式的修行是要做什麼模式的修行，是道場修行還是「無處不修行」，佛教修行有八萬四千法門，修行的行為模式與概念是沒有一個既定模式和標準，所以濟公是「酒肉穿腸過」，是一個結果論嗎？還是行為論？修行是表，修心是裏，屠夫也可以修行嗎？當然可以，傳說中玄天上帝就是，但那是鼓勵別人修行的故事。禪宗強調「悟」，在會心，所以不幸成為第三者時要怎麼修？要修什麼？（不鼓勵當第三者，也不鼓勵人找第三者喔。）

在修行上，每個人的功課不一樣，進學校選了科系了才知道，沒進學校沒選那科別，就不用修那門課，可能是已經會了，也可能是沒必要會，因為你可能以後用不到。但是對已發生的事情，都需要妥善圓滿去解決。那為什麼「第三者」是一種修行？要修正到不傷害自己不傷害別人，為什麼有的國家社會容許三妻四妻（這樣就沒有所謂第三者了，可能直接是是第五者），有的國家社會是一夫一妻，有的部落社會會以妻饗客，那只是社會風俗習慣的不同，所以感情和婚姻，在一對一時，並不全然適用於所有情況。

如果已經發生第三者狀況，也非當事人所願（不管是親人或朋友之間），你將如何解決？將如何面對？這你要看是怎樣情況發生，是自己願意或被迫、被騙，他是否有智慧去處理，我倒希望他是可以圓融處理，而不是單一思考方向，單一方式的處理方式，然後搞的烏煙瘴氣。

對於第三者，是一種很大的修行考驗（知道自己是第三者以後開始），對第一者而言何嘗不也是很大修行的考驗，但如果「不知情」則無傷，會受傷是在於知情後無法接受，修行的考驗其實就從「知情」開始，只是人往往還是執迷於其中。

要修到什麼時候有智慧？

修行不是用是否能實踐很多規範戒律來檢視，而是用是否有產生足夠的聰明智慧去處理生活中所遇到的事，事情遇到了，心能夠放下嗎？（放下不一定是捨離喔，它可以是離開捨棄這種愛戀，也可以是甘願於這種愛戀），至於道德法律是否合於天道（天地運行的道理）？那要另外討論了。

所以為什麼叫「觀自在」，為什麼修「離苦得樂」，第三者能做到「甘願」的地步，至少已經可以看淡「愛別離，怨憎會，求不得」的苦感，心靈層次已經很高。墮落是以法律及禮教觀點來看，屠夫「放下屠刀，立地成佛」，不是看他從事行業多久，而是看他什麼時候「悟」，還有「悟」到什麼層次，重點在—「放下」，而不是成佛，捨棄並放下才是最後層次，放下的不是第三者身分，而是心靈上的一種無掛礙的解脫。

對人是情慾的執著的解脫，通常我們都是很單一的觀點跟標準來看事情，那是以前的教育，接受的觀念所致，那也是中國禮教的標準，而這個標準也是會與時推移的，生活在現今這個社會，當然還是要遵守現在的社會規範，避免人世間的紛擾，但遇到了捏？「退」嗎？有很多種解讀，急流勇退也是一種修行，能洞燭機先就是一種智慧，但有的只是縮到原來的角落，有的卻是怕，有沒有真正領悟，不得而知，只是怕自己受傷害，不見得會發生這樣的事，但既然社會就是會發生這種事，會製造痛苦甚至社會事件，但若親身經歷能從其中走出來的，才有辦法去引導執迷其中的人走出來（濁世修行），所以「觀世音菩薩」救苦救難不是天生本領，而是從實際境遇中領悟，修得智慧，然後發心發願去解救苦難，就像離過婚的人，他很容易告訴別人怎樣處理婚姻狀況，會去找出原因看是調整回復或是斷尾求生，而不是一味的勸合不勸離，沒有離過婚的可能就執著在婚姻裡面，在婚變中走過的，也比較有能力去告訴別人怎樣走出婚變，比沒有經歷的人更能夠將心比心，感同身受，所以結婚是一種修行，離婚也是一種修行，做第三者也是一種修行，（雖然死當的機會很大），但是已經選了課，（沒事先打聽課程跟老師）就認真把他修好，每個人修的功課不同，修的歷程也不同，每件事情都會有「退場機制」，只是你會不會運用，退的漂不漂亮。

沒有結婚，離婚，只能告訴朋友沒有結婚的好處跟壞處及如何單身生活，卻沒辦法告訴朋友如何處理好婚姻，為什麼結婚了會相處不好？為什麼離婚了也會有喜悅？有的人修的畢業，有的人卻要留級重修，重要的是，怎樣修過，拿到學分。而不是你用的方法對或錯的問題，道德觀念及法律只是一種行為準則，是解決問題的依據，但解決問題不一定只有法律或道德一途，「錯」的方法可以解決問題又沒有後遺症，（重點在沒有後遺症），何嘗不也是一種「好」方法。

「心的放下」，才能真正解決問題，讓心放下的最好方式，就是去了解並接受，而不是拒絕或排斥，或是害怕退縮，（就像你可以了解很多行業的運作，但不一定每個行業都會去做一樣），如果你的觀念以前都在六米巷走，（被各種觀念干涉限制，處處擔心違規犯法脫序，執著在戒律怕犯戒，以致畏畏縮縮），何不試試走高速公路的感覺，那就試試修「心的提升」而不是不犯戒，不知道這樣的修法懂不懂？

3-9、愛傷—第一者的人生大戲，真實上演

一章—愛傷

你累了嗎？打盹一下不要吵，真的累了，何不率真的休憩一會，對於人世間的關係，暫且輕鬆放著，「不經營也是一種經營」。不必定一定要執著互相之間的關係類別，也不必計較別人之間是什麼關係，自己認識自己，知道自己，愛自己，做自己，別人怎樣看待我，何妨由他去。

大姊是買我賣的房子的客戶，60歲了吧，房子是要買給第三個兒子的，

他說每個兒子都要給他們兩棟房子，自備款都是她付，留下約50％的貸款給小孩付，第三兒子的前一棟貸款已經快還清了，所以可以再買一棟，常跟他開玩笑，問他要不要收乾兒子，那乾兒子可不可以分一棟就好，不必兩棟。大姊原來住北部，以前經營美容沙龍，牛排館，生意相當好，約在五年前發現罹癌，所以把店面生意收了，手術完後，全心全意投入「一X道」修行當志工，是個虔誠的道親？他認為這是神明讓他繼續活下來的理由，就是要為神明服務，要傳道濟眾，所以他捨身在道院中，到處服務做志工。

他服務的「一X道」的道院是在南投縣名間鄉（與南投市的交界），稱為「南屏山」，曾隨大姐去過兩次，以前她都在屏東的分院，後來就移到「南屏山」來。

以宗教上來說，就我了解，「一X道」是組織相當嚴謹的教派，禮數最周到（講白一點是規矩很多），而且在傳教上可以跟基督或天主教相比擬，都相當積極，（很強的業務精神）所以目前已經可以跟佛教各據山頭及基督教天主教各教派分庭抗禮了，不過不太適合我就是了，我算是比較閒散的，我覺得他們近乎「繁文縟節」，是有點太過，不過能讓人這樣從外拜到內再拜出來，也是一種謙卑的訓練，可以殺掉人的銳氣，讓人急躁的個性趨緩下來，因為禮數細節都要做到，再怎樣都急不來。

那大姐買房子辦手續到入住期間，因為要整理房子，所以都向道院請假，我算是去當證人，她也當作去交功課吧，我則是進一步了解一下他們的「教規」。

這陣子大姊來我接待館坐，一來我也請他在他們的法會做一些「消災赦業」的功德，再來她也會談一些雜事及宣傳一下法會的效果，前些時候，談起了他老公，就提到男人就是會搞怪，難免會在外「捻花惹草」，這是武術巨星說的「男人都會犯的錯」，（也真是的，知道就好，還拿出來講），一時之間也只能跟她「打哈哈」帶過，大姐的老公瘦瘦乾乾，頭還有些微禿，（可能是後來才禿的），民國60-70年間在外商公司做事，也算是相當強的人物了，後來也引薦了大姐的小妹進公司，小妹就借住在大姐家，後來外商撤資，老公及小妹就都失業賦閒在家，大姐只得開始撐起養家責任，開始做美容院，做加工，後來開牛排館，都是大姐自己撐起一片天，也算是真厲害，所以大姊來看房子，就是那種氣勢，很乾脆直接，講了就算，不過這已經是她罹癌症後五年了，更可以想像以前真的是夠魄力的了。

因為大姐的老家是在附近，所以後來他妹妹也都常來這裡，她老公則在北部，偶爾下來整理整理房子，大姐則仍是投入她做道親志工的工作，因為他相信，她這些年來的命及家裡的平順是祈求來的，因為她的奉獻投入，所以神明眷顧，讓她活到這時。感恩是生活及做志工的動力來源。

二章—「知情」是傷痛的開始

事不關己，自然可以一派優閒，高踞樹梢，管他來來往往的人群如何，管他第一者，第二者，第三者，我只要做「忍者」「旁觀者」就好。

莊子化蝶，莊子觀魚，莊子非魚非蝶，觀莊子者非莊子，所以答問皆非也，魚是魚，蝶是蝶，莊是莊，觀者是觀者，可以關心不必臆測，所以給予第一者，第二者，第三者，關心就好，勿妄以自己臆測給建議，言者口是心是則好，若口是心非，你能臆知他是否真意相幫否？

聽者聽、聽、聽、無口有心、站在高點看清，忍住不出手，才會變高手。

說知情－是知什麼「情」？親身去體悟愛情的魅力知道「情」的存在，還是知道「發生事情」了。應該都是，知道有「情」是傷痛苦難的開始，不知「情」則不知情傷從何來。多情總被無情惱，無情則無傷，「無」也可解為是「空」，空則無所受力，所以空則無所傷。

大姊前陣子來，無來由的談起男人就是會捻花惹草，好像是天性，後來又提起他小妹一直沒嫁，有好幾次人家撮合的因緣，小妹都放棄了，每當有人介紹相親，他妹妹總會問問他及姊夫的意見，他姊夫總是對相親的對象不是很滿意，以致蹉跎至今，大姊也會責備她老公，不管怎樣也說說好話，不然小妹一直嫁不出去也不是辦法，不過現在都已經五十好幾，而且前幾年也是檢查出罹患癌症，所以大姊也是鼓勵她，開始吃素並加入「修道」當然是走他們的「一X道」，請神明垂憐救贖，也快三年了，但是小妹的腫瘤是一發再發，大姐都會要他法會佈施再做功德迴向，以他們（一X道）的說法，有些病是因果業力造成，有各種「緣人」（不稱為鬼）來近身，因此會有這些無名病因，佈施還願做功德可以消業減輕身痛。

小妹是大姊至愛，加上沒結婚，所以大姐非常照顧疼惜，至於老公雖然是夫妻，但後幾年大姊投身宗教以後，夫妻情就沒那麼重了，因為大姐幾乎都在「道院」或被派遣到外地當志工，回家的時間比較少，雖然如此，畢竟是夫妻，有多年相處的情誼及小朋友血緣親情的牽引，所以還是很關心的。

大姊只要從道院回來，大都會來看我，一來也是想傳道，希望我能入教求道，一來也會跟我宣揚神跡，有關神跡的部分，其實在我早幾年打坐時期即常體驗，所以我並不會排斥，只是到底在哪邊修？我倒持著比較隨緣的態度。

就在前陣子，大姊跟我提起她一個夢境，夢境中是小妹的「主靈」來向大姊懺悔，悔是因為小妹跟姊夫背著大姊已經在一起二十七年了，二十七年剛好是小妹進外商公司工作後，但是主靈來告知？所為何來？大姊半信半疑，因為都有在「修道」，夢境中還提及要收回小妹跟他老公的魂魄，須做大功德，並懺悔祈求神明寬宥以消災延壽，所以大姊向小妹及她老公進行求證：

一來決定要不要做法會，二來確認是否真有其事。

小妹點頭承認，因為主靈已經開始懺悔了，人的意識再不懺悔就沒救了，她老公則打迷糊仗，當然後來也都承認了，人的一生少有的兩個最愛，二十七年的糊塗帳，怎樣算？

至於怎麼開始的，難斷了，各有話說，本來想說大姊已經投身宗教，可以釋懷了，而且來這邊聊天也純粹是閒聊方式，所以並沒有特別去勸導或安慰，我想至少我只要聽她講一講，發洩發洩，她還有一個可以宣洩的管道，她只是把事情確認了，決定要不要辦法會，其他的應該還好；畢竟小妹也是她從小呵護到大，有求道也可以比較寬心了。

再一次大姊來的時候，跟我提起要跟他老公離婚，畢竟姊妹是血緣親情不易斷，老公則是後天法律關係，無情了，關係也不必然需要存在。其實以大姊的狀況，有老公沒老公是沒什麼大差別了，但是他還是執意要把關係處理清楚來。其實真正要處理的不是夫妻關係，而是她的心痛。

只要是人，難免心傷，要修到放下確實不容易，以前拼命工作賺錢扶起一個家，卻讓老公跟小妹有時間互通款曲，到老來卻要承受這種事實，而且出乎我意料的是要辦離婚。年輕的時候離婚，再找一個老公還好，六十幾了，而且求道多年，應該不會在意這種關係了。但是，還是會在意。

至於小妹，他則要求小妹要支持她完成離婚，也要小妹專心求道，真心懺悔，後來大姐問我離婚幾年了，我告訴他六年多（時在二〇〇八年），我告訴她還好那陣子有去打坐，雖然心境平靜，但只要一坐到神案前，就開始流眼淚，哭了兩個多月，不管怎樣都是一種痛，其實最痛的是剛知道事情發生的時候，在神案前打坐時會哭流淚，已經是在做修復的動作了。大姊告訴我說，她要她先生星期五前辦好手續，主要是想要避免以後財產的爭議。

如果是你，你要勸他離婚還是不離？

我告訴他，神明要你放下俗世的羈絆了，以後要到那裡都可以自由自在，不必牽掛，離婚辦清楚了，你可以更專心求道了，恭喜你。

「恭喜你」，離婚還要恭喜嗎？

很職業化的用語，通常客戶跟我們買房子簽完約，我們都會說「恭喜你」。

但這個恭喜，她是要高興還是要心酸呢？至少她很清楚必須處理一些俗世的問題。

三章—要解決問題還是要發洩情緒

有緣相聚就珍惜在一起的緣份，無緣聚首就互相祝福，緣來緣去是人沒有辦法控制的，就保持一顆平靜平和的心，沒有風雨試煉怎會知花草樹木的挺勁。

被「出賣」（暫且說被出賣，被出賣是一種感覺），最後才知情，打擊應該很大，其實最早「知情」的，應該是第二者跟第三者，因為他們自始自終都是知情者，所以他們的傷痛是從一開始逗陣就開始，就是一種陰影，或許也有一種罪惡感吧，怕被爆發的陰影和如何面對的陰影，還有社會指謫的罪惡感（可能也是造成罹癌的心理因素），除了慣性外遇者，其實每個人都還是心中自有一把尺，還是有良知的，但那是對第一者還有愛，或者還有依賴的狀況下，如果連依賴跟愛都沒有了，那種傷痛就會被湮滅，加上找理由把自己行為合理化，那罪惡感也會逐漸消失，而第一者的傷痛，往往停留在「被背叛」，未被告知的傷痛，至於是不是還有愛，還是只是想佔有，不願易失去，不願意自己的東西被強佔，不管自己是不是還樂意用他。

遇到這種事，一般人的第一個考慮點往往是「要回來」，要回對自己物品的「主導權」（主導也是一種控制的表現），即使要放掉也要在自己心甘情願的狀況下放掉才可以，很少有人能靜下心來看待整件事情的發生與經過，所以大都先處於發洩情緒的狀態，而不是思考如何解決問題的狀態。

要能夠先適度處理情緒才能夠解決問題。

而第二者與第三者的反應通常則是先否認後承認，然後處於等待被處理的狀態（是否被處理要看哪一方主動），其實這也是很可憐，即使是第二、三者主動承認並強勢要求解決，其實也是處於被處理狀態，處於等候第一者的決定，看是否繼續糾纏或者有條件的放棄，當大家都有意願解決問題時，事情才會有轉機。其實大姊自知情開始，也是處於怨懟的情緒，所以會言語酸她老公，會責備自己的妹妹，會找我說說話，最後才快刀斬亂麻做出自己的決定，而他老公卻無反擊之力，小妹也只能唯唯諾諾，唯命是聽。

大姊的處理算是明快的了，神明有慈悲之心，先讓她求道四年了，才告知此事，也該是時候全心出家了吧，所以讓他有能力處理再告知，要早個十年，不知到大姊是否有這樣的智慧跟心量，可以這樣平和的解決。

其實自己也曾經是個第一者，不知道自己前幾世是否也有在修，他們在一起應該也有一年多，最後三個月才是我知情反應處理的時間，當然變心的女人就像是被全壘打的球，一直飛出場外不再回來，（最近京奧棒球轉播最熱門的播報語，顛倒來用），所以大部分的時間是在尋求自己內心的平靜，前妻則是在等我如何決定？其實大家都是很累的，不管決定如何都是。

而其實「內心的接受」才是事情解決的關鍵，轉圜點則在省視「自頭至尾」相處的過程，去回到「因果關係發生的原點」，承認並接受這個原點，就像當初去做「婚姻諮商」，因為兩個人對原點的接受程度不同，結果就會不同，其實每個人的原生家庭不同，所受教育及價值觀不同，對於事情處理的方式又千萬變化各自不同，所以婚姻是沒有專家的，（連婚姻諮詢專家都不免要離婚），重要的是每個人對事情的接受與認同度的問題，去互相了解彼此的觀念及行事風格，不必要求每個人都同樣方式處理問題，但要尋求共同願意接受解決問題的辦法，但我們所受的教育卻是單一「對和錯」的教育，而如果又執著於「為何你對我錯？」或「我對你錯」裡時，爭執就在所難免。

要解決問題必須要尋求共識，拋下對錯，放下情緒，找出互相都能接受的條件，才是解決問題的根本，所以處理問題最該注意的就是先處理情緒，放下情緒。

3-10、吃飯配菜的歪理—第三者是永遠不會斷的問題

朋友懷疑她的婚姻有第三者介入，想聽一聽別人的意見，他接受了我的想法看法，或許她聽進去了，但做不做得到還是個問號？我不會贊成有第三者，但對既成的事實卻要承認它存在，承認它存在了才會想辦法解決，而不是一直在想「不可能」發生。

第三者是永遠不會斷的問題，根本原因是我們都將自己當第一者看，誰會將自己退居第三者來思考？而第三者的問題主要是在怎樣解決，不是質疑它為什麼存在？它必不必要存在？或可不可以存在？因為它就是真真實實的不斷的存在，或隱或現，它就是會存在。

因為緣份和感情就是那麼真實存在，超越人的道德與法律的範疇，而最重要的是自己的想法跟思考，怎樣才是愛自己的做法，而不是一直想我很「愛」對方，他不可以這樣對我，有誰規定對方要怎樣對你嗎？難道不是你自己也願意的？

以下朋友的說明：

有一個女生跟我男朋友告白，她知道他已經有女朋友，但是他們有時候會出去，但我都不知道，該怎麼辦？我男朋友有說，因為我知道有人跟他告白後我會擔心，所以以後有類似情形不會告訴我，他說過那女生是他的菜，高高瘦瘦的，之前那女生打電話給他，我在旁邊，講完電話我問他是誰，他告訴我是同學，當場難過了一下。要怎麼辦？

以下是個人給他的參考的想法看法：

吃飯要配菜？好像很當然齁，跟茶杯配茶壺的理論有異曲同工之妙。

但這要先問你：是否你可以接受有第三者？

還要再問你：是否沒有你這男朋友不行？男朋友可以換嗎？願意換嗎？

你應該先確立這幾個問題的答案，告訴你有沒有第三者才有用，你男朋友已經很明確告訴你了，她是他的菜，請問，誰是他的飯？是你嗎？還是你也只是其中一道菜。

吃飯當然要配菜，這是他的理論，他兩者都要吃，你可以不接受。問題是你是否也要吃飯配菜，你有問你男朋友接受嗎？你也這樣跟他講，看他會不會離開你，如果會，哪你怎麼還會留在那裡想當他的飯？顯然你只是覺得需要而已（飯要吃，是需要吃）並不是愛，飯到哪裡都一樣，菜才是最愛，有人會問你喜歡吃哪一種飯嗎？很少很少，但一定有人問你喜歡（最愛）吃什麼菜？而他們飯菜組合好已經開始吃了？你還要懷疑嗎？開始吃了還告訴你，讓你在旁邊喊「燒喔」，你認為你可以接受嗎？

開始打算你自己吧，直接跟他講明白，看他如何反應？也跟他講你也要吃飯配菜，但前提是你不能「不甘心或捨不得」，他有對象了就讓他走吧，不然你很快會變「點心」，偶爾點來吃一吃，而你卻要癡心的等，你值得嗎？

有男朋友只是習慣旁邊有人，現在被人搶了，只是不甘願，你真的愛她嗎？離開他兩年後，如果你還說你愛他，我才相信你是真的愛他，不然，趕快找個真的疼你的人才是正經。還在狐疑是不是有第三者無濟於事。

3-11、我不要當第三者？

看到花心的蜜蜂嗎？採花者都是深入花的核心，外圍花瓣與花蕊只是模糊的焦點。所以一般當第三者的，在一時之間都是很難擺脫的，因為那種深入，不是一般走馬看花者所能體會，因為若不是搔到根本癢處的話，基本上不會成為第三者的。

第一段：第三者對第一者。

我不要當第三者，他跟我說他愛妳，他會和妳白頭偕老，他對妳多年付出，妳感受不到嗎？我若是妳，我會加倍對他好，好好挽回他的心，我不要再聽到妳們吵了，不要因為我妳們吵架，我比任何人都痛苦。

第二段：

太愛鑽牛角尖會讓男人更反感，皮球拍得越用力會彈得越高，不要再懷疑他對妳的愛，妳太不知足了，他說到妳情緒不穩時，他的眼角泛淚，我真的有看到「係金A」。

第三段：

感情這東西沒有誰對誰錯，只要對方過得比我好，一切我都可退讓，錯愛使三個人痛苦，還沒開始，所以應該趁早結束比較好，希望傷痕早日撫平，幸福的人是不會懂得。

——

我不要當第三者？面對這樣的告白，你將如何解讀？對於一個訴說不願當第三者的人，通常我們都會對之寄予同情及祝福，對一個理性選擇的鼓勵，期待他早日脫離這種痛苦，然而述說是否就是真實，文字表面的意思，及其文內真正代表的意思是捨？你的看法如何？又將如何對應，你覺得呢？

其實問者原來的敘述，也是看了第二遍才比較明確字裡行間的真正意思，原本給他的回答與提示：

你算是善良的「局外人」，因為你不想當第三者，卻捲入第三者風波。

問題在哪？

表示你和第二者是有接觸的，甚至是頻繁接觸，所以會讓第一者產生疑慮，因而擔心害怕第三者介入，進而要求第二者自清，也有可能第二者態度不明，對第一者不夠關心。所以要解決問題，不是你在這裡心戰喊話，你心戰喊話給人的感覺不見得是正面，在第一者看來也可能是挑釁，在製造你與第一者的不同，因為第一者以進為進，而你可能以退為進（第一者的感覺）。

所以你若不想當第三者，請自動與第二者保持距離，第一者跟第二者的關係你也不需過度關心或過問，時間久了，人家自然會知道你的態度，第二者也會知難而退，讓這個未發生的複雜的關係沉寂下來，你還在這裡關心喊話，會有「此地無銀三百兩」的感覺，也顯示妳們接觸密度跟深度有一定的關係；所以保持距離，保持冷漠，靜觀其變，人家會知道你確實不想當第三者的。

祝福你「走的單純」，（走的單純：一是離開的很單純，沒有風風雨雨，沒有傷害，一是你未來的路，單單純純又幸福）。

很多文章它在字面上的意思其實很中性，所以讀詩詞文章看景物，每個人都會依自己感受去體會，而這個體會跟個人當時的心境會有很大關係，因此寫讀書心得，其實是可以得到很多彩多姿的回應的。

至於：我不要當第三者的意義是什麼？給人的直接反映當然是不想捲入是非，但事實上卻也隱含「想要扶正」的意涵，不當第三者，可以進階成為唯一啊，當然居於「與人為善」的前提，我們還是正向看它啦，不過它的三段敘述，卻不免流露玄機！

針對敘述當下給他的回覆，很直截了當的告知：

1.我不要當第三者：他跟我說他愛你，他會和你白頭偕老，他對你多年付出，你感受不到嗎？我若是你，我會加倍對他好，好好挽回他的心，我不要再聽到你們吵了，不要你們因為我而吵架，我比任何人都痛苦。

A：哇！這個關係很曖昧喔，我會加倍對她好，這是在指謫對方不適任嗎？是想扶正而不可得，反過來提醒第一者，要是你是第一者，你會怎樣做？顯然跟元配吵架你都知情，你說你不是第三者實在很難讓人相信，不要做第三者，就要「心口合一」，不要打迷糊仗，趕快閃人吧，不然人家又來跟你傾訴了。

2.感情這東西沒有誰對誰錯，只要對方過得比我好，一切我都可退讓，錯愛使三個人痛苦，還沒開始，所以應該趁早結束比較好，希望傷痕早日撫平，幸福的人是不會懂得的。

A：這個說明超級曖昧，恐怕你也難抽腳了，要抽腳要快，難怪人家第一者要跳腳，什麼都跟你講，都躲到你的窩裡跟你講，一切都可退讓，又何必來說，不接觸就都解決了。

大概是學文的關係，本身對文字敏感度比較高吧，這個答問，直接進入問題核心，意外的收到第一者跟第三者都來信。

本來三角習題就是難解的習題，也是經常存在的問題，問題就是試煉，就是修行。少林寺弟子學成要下山，不都要經過十八銅人陣嗎？（武俠片看太多），目的是什麼？

在此祈祝每個要接受考驗試煉的都能過關（第一第二第三者都是……）

修行難，難如上西天，不是難如上青天，每個修行人都要有接受考驗的心理準備，對於第三者的感情，一個是不陷入，一個是陷入不要造成傷害，一個是找最好的時機脫離。

3-12、抉擇也是一個痛苦

抉擇跟等待的過程都是一種痛苦？但割捨不下或是拖延只會製造更長的痛苦？很多事情不是我們所預期或是願意去遇到的，但是它就是發生了出現了，該如何？如果你遇到了或是你朋友遇到了，要怎樣去幫她陪他，要他做怎樣的選擇呢？

朋友的問題？

我們才剛新婚不到一年，我老公有個女性朋友常常打電話給他，而且是不管任何時間，但我一直都沒說過什麼，也沒問過我老公什麼，因為那女的知道我們結婚了，結婚那天她沒來但是有包禮，所以我不認為他們會有什麼曖昧，但是他幾乎每天打電話給我老公，說要我老公寄喜餅給她（但我認為是藉口），有時候還是半夜兩、三點打的，有次我真的受不了了，我跟我老公說可以請她別三更半夜打來嗎？不然把禮金還她，我不知道我老公有沒有跟她說。

隔兩天我聽到我老公接電話說話有點怪怪的，我問他說是誰，他說是同事，結果我看他的電話是那女的打來的，我老公騙了我，但我沒問他為什麼騙我，隔天半夜我們在睡覺，那女的又打電話來了，她說話很大聲，透過聽筒我認為她好像喝了酒，我聽到她問我老公說為什麼那麼無情，（因為我老公跟她說他在睡覺，明天再打給她），然後還說他們在一起那麼多年了什麼等等的，我老公就一直說好啦！好啦！明天再打給你。

隔天起來我問我老公她是你以前的女朋友是嗎？我老公說我神經，我問他騙我她打來的電話為什麼說是別人，他說怕我生氣，你們覺得我老公跟那女的真的沒關係嗎？要喜餅需要每天打來嗎？還是三更半夜的？我們現在分居中因為我不相信他們沒關係，昨天我老公來找我求合，我有點迷惘了，想問問大家如果是你們會相信嗎？

網路上朋友的問題。給她做了回答。

其實當事人不一定能知道怎樣走才是好的？如果知道就不用提出來問了，求救是必要的，以前的自己也是都想說要自己解決，但後來才清楚，必要的求救能幫自己快一些脫離泥沼，以下是我所做的建議：

你老公是不是有外遇，先暫且放一邊，但她是在你們結婚之前，妳老公交往的對象，而且是親密的對象，應該是可以肯定的，只是他最後選擇跟你結婚，結婚的原因是什麼？可能玩膩了，而你是比較單純善良的一個，所以選擇了你，男人比較少會選擇一個強勢又不單純的女人當老婆，但是相對的，選擇了單純善良的，問題是另一方如果不是省油的燈，現在不干休了，因此你們的問題來了？有人不甘願，不甘願就會製造很多問題出來。

對於要不要離婚這個問題？主要的因素應該不是你們結婚多久了，而是有沒有能力可以繼續走下去，或是值不值得繼續走下去？是相處的能力跟信任的問題，看來你老公虧欠人家很多，所以沒辦法快刀斬亂麻處理掉，這個對你而言是一個危機，因為對方擺明了不讓他好過，因為如果是外遇，一般不會這麼明目張膽半夜打電話，如果是一般普通朋友也不會這麼白目，而你老公又遮遮掩掩，不敢魄力處理，那就是關係非淺了。

不是現在的外遇，而是以前的延續，所以你心裏要自己有所盤算，在你決定去留，尚未搞清楚你老公動向之前你必需留意的是：

1.避免懷孕：懷孕你的大腦思考就又開始受到影響，判斷不清，會做出錯誤的決定，所以一定先不要懷孕。

2.理清問題：就目前的判斷跟你老公深談，跟他說這是你決定去留的談

話，請他坦白講清楚，並請他做出處理的決定。（其實看他是否從實說來，如果還有所隱瞞欺騙，你也就可以判斷要不要留了）

3.要給他機會就給他期限：給你老公解決的期限，看他是他有誠意要處理乾淨，所有的理由都是藉口，這種現象要消失，否則就是你消失。

4.不能拖：這種問題拖久了沒解決就解決不了了，你會剩下只有無奈接受的選項，你老公要來求合，請他把所謂的「屎尾」擦乾淨。

你現在還算理智清楚，分居是一個不錯的選項，一來給他時間處理，二來避免問題越來越複雜，（懷孕啊、爭吵啊、都會變成你決定留下的後遺症，千萬不要爭吵，爭吵會影響後續相處）。三來你自己也可以好好思考一下未來的動向。

心態上做準備，給他機會，但也要擬好協議離婚條件，讓他知道他沒處理好就結束了，現在決定權在你。千萬不要情緒化。

3-13、哇！戴什麼綠帽捏？男人的情傷

不知道什麼樣的男性自尊的教育，男人外遇，女生不知道怎麼稱呼這種行為，女生外遇，稱男生戴綠帽，戴綠帽當然有它的典故啦，不過那是以前男性至尊的年代，覺得戴綠帽可恥或是不名譽，現在男女平權了，而且這種戲碼層出不窮，離婚率也提高到50％的時代了，還有戴綠帽的問題？還有在背叛什麼嗎？

結婚證書又沒有註明不能背叛，結婚只是透過法律程序同意兩人一起生活而已，不是賣身契，現代男女交往這麼自由，不用開闊一點的心態對待，還真的會很難過日子。

但是戴綠帽這麼難解決嘛？可以接受就繼續戴，不能接受就脫掉就好了，只是恢復結婚之前的狀態而已，需要自傷傷人嗎？

朋友問題，對他妻子的控訴：

妳是個背叛感情的人，卻又不敢面對，妳的未來或許是個夢，對！妳現在很幸福，但是呢，背叛的人是妳，女兒是妳跟妳前夫生的，我兒子是我的，我

白白養大妳女兒、妳卻放棄我兒子，沒關係，只能祝妳幸福，希望妳既然放棄我兒子了，請不要再讓我們痛苦了，妳自己幸福就好了，妳要如何無情對我們都無所謂，反正妳又不敢承認，可笑的是妳吧。

我這次徹底死心了，妳背叛了婚姻，還說是我幼稚，對！我幼稚！我還幻想著妳會回來我們身邊，不知妳早在沒離婚前就變心了，從現在開始妳跟妳的先生還有妳女兒，去過妳的幸福生活吧，我跟我兒子們會去過我們自己的生活，以後不相往來，我兒子們只有爸爸沒有媽媽，我兒子不會跟你們一樣，我再也不會打擾妳跟妳親愛的先生的生活，也請妳放過我跟我兒子的生活，不要說那是妳生的，妳生他們不養他們有用嗎？妳只為妳自己的幸福想，有為過我兒子想嗎？他們還小，妳的女兒都養大了，說一說就懂，但是我兒子呢？所以你想走法律我也不怕，兒子是我的，是妳先背叛這段婚姻，妳過的很幸福，那是妳的事了，從現在起我跟我兒子都跟妳沒關係，妳一定會後悔，妳今天如此無情的對待我，再見了，我曾經深愛過的真。

跟他的討論：

要放下這種怨恨很難，我自己也是面對這種問題，休養了大概兩年才把這種敵意打消，男人的悲情。

其實朋友在這裡吐槽，也只能吐槽而已，對自己是否有幫助？我也是魔羯男，遇到事情不怕事情，應該才是魔羯的本性，我從來沒有禁止小朋友去看他們的媽媽，養不養沒辦法抹滅生他們的事實，大人的事把小朋友扯進來也沒什麼意義。

先來看看為什麼會被戴綠帽？戴綠帽不能就把他脫掉就好，脫掉了互不相關就算了，這麼大怨氣又有何用？要逞什麼男性的尊嚴嗎？其實也不必去看衰或唱衰對方，因為對方「衰尾」對你也沒有比較好，只是一口怨氣稍解而已，何必讓她的行為成為自己的懲罰。

我也是後來放下了怨氣，才知道是放下對自己的懲罰，需不需要祝福對方？也不必假心假意的祝福，現在別人問我對方如何？通常我只回一句，不在我管轄範圍或關心範圍之內，畢竟婚姻只是一種後天結合的兩個人的共同生活型態，不是什麼血緣關係，她今天離開了，你只是恢復本來自己一個人的生活，她又不屬於你，又不是你的附庸或財產，她喜歡別人比喜歡你更多了，你就謾罵怨恨，是不是你覺得你找不到比她更好的女人了呢？如果不是，有什麼好在這裡公佈她的罪狀，她的罪狀難道不是你造成的？有回頭想想這個層面嗎？要是我，就不會去提這些了。

因為我對自己已經很有信心，不必靠數落別人罪狀才能過生活，希望你早日醒過來，好好過自己的生活。婚姻生活是靠互相的吸引力，而不是靠法律約束控制，所以要檢討自己為什麼沒有吸引力了？

個人想法給你參考：

一般人還是把小孩當成財產，所以離婚時也要爭奪或放棄，真的為小朋友著想的話，大人會搞到要離婚的狀態嘛？

都只是為自己著想而已，拿小孩當藉口，還都不敢承認是為自己著想，有時候人連真實面對自己都很難，魔羯座的承擔力跟耐操力都很強，也會很快覺醒恢復，要放下很難，但不放下會辛苦更久，都在一己的抉擇。

3-14、給一直隱忍的女性朋友一點新思考

我不知道我的想法是否比較實際，但基本上我認為這是一個需要重新改變思維的時代，中國傳統教忠、教孝的概念應該需要改良了，改良到符合現代人自我展現的忠孝節義的方式，而不是「自我隱忍」的忠孝節意的觀念。

應該這樣才能提醒大家是「互相尊重」的年代了。不管尊親子女或好友同事，應該進入一個平等尊重的時代，而不是停留在男性威權時代。

朋友問說：我想要結束婚姻關係，怎麼辦？

我是個輪班的醫療人員，也結婚6~7年，這些年來一直在婆婆和小孩的問題爭吵，雙方當初的共同目標也隨著爭吵而消失，婆婆是個愛錢及愛面子的人，喜歡充胖子也喜愛開愛心收容所的人，鼓勵自己小叔和大姑不要工作而在家悠閒，而我們卻一直要被榨取工作賺回來的錢，我們非常感念她幫我帶老大，但她也是造成我們母女之間心結，我知道小孩是天真的，但畢竟是自己小孩，有心結讓我好心痛啊！先生也是一個極為愚孝的人，聽婆婆搬弄是非，還有對我精神的虐待，心情不好我作媳婦就是出氣筒，娘家在台中，爸媽是禮貌

之人家，回家哭訴已經怕傷兩老的心，也不好意思請他們出面，因為我們是大人了；曾經幾次坐下談過，先生卻執意自己和婆婆是完美的，錯誤皆在我身上，我下班做家事，因為輪班關係小孩住婆家，但現在婆婆以小孩要脅，不能和我們生活，表示是因為我工作的關係，天啊！現在的女性真可憐，要上班養家，要承受婆婆的排擠，真的我壓力好大！

我真的想回歸單身，帶著二女兒一起過單親生活，而大女兒和本來相愛的先生是我人生中的遺憾！因為我的努力他們一點不在乎，只會說我我行我素，恐嚇我！

——

有時候真的很難想像連續劇劇情在現實生活中出現。

妳說這種關係持續了6~7年，而不管事實如何，都已經造成妳極大的心裡不平衡了，要改變有點困難，困難點不是要不要改變，而是妳想不想，你敢不敢去要求改變，要改變只有去衝突，衝突的結果有可能變好，有可能變壞。

結婚不是把你賣給夫家，你要在那邊做牛做馬來抵債，而應該是一個「互相尊重」的生活空間，為什麼你會隱忍這麼久，因為從來沒有人教你要敢去「衝突」，才會造成現在的處境，你現在的處境何嘗不是你自己招來的！因為你的原生家庭只教你要好好做人家的太太媳婦，卻從來沒有教你要好好做自己，而是一直在做別人的附庸，所以你接受一直以來的待遇不敢大聲吭聲，有人規定你結婚了就要接受這種待遇跟要脅嘛，有法律規定結婚了不能反悔嘛？

你只有改變目前的相對待關係，才有可能讓婚姻持續下去，如果沒有改變，到最後不是你憂鬱躁鬱就是精神病，一樣沒辦法好好維持婚姻跟親子關係，你婆婆現在的心態是別人的女兒做不死，你老公的狀況也是只能唯你婆婆的話是聽，因此妳被壓的死死的，被你婆婆叫習慣了啊。

如果你還想維持婚姻，只能反其道而行，怕你沒辦法做也不敢做，如果你願意嘗試一下，或許還有機會，「離家出走」，斷絕妳給他們家的經濟援助，妳是可以經濟自主的人，為什要擔心？強力給你支持，抱著要維繫婚姻的心態，去打破現狀，把強弱之勢改變，但你要堅持到他們體認到你才是經濟核心才能回頭，否則前功盡棄，反正你有獨立的經濟能力，是他們沒有，這是你的優勢，好好善用，要先放，才有辦法收，先捨才能得。包括夫妻，親子的情份，最壞還要抱著大不了離婚的心態，他們要搬你家大人或是法院出來都不能動搖，一心軟就完蛋了，好好思考思考，應該是他們要怕你才對，反過來欺負你，真是怪怪。

3-15、世間男女，有是非觀念嗎？

朋友的問題與抱怨：

很多人，明明是已婚身份，但卻會背著另一伴，去劈腿，去外遇，也常常的換妻（夫）成功，讓人覺得，像這樣的事情，根本就沒有是非對錯。當然，婚姻有法律的保護在，只是還是有很多人，也不在意呀，甚至事後，才在表示，自已很過意不去，﹝搶了人妻（人夫）﹞，那有什麼意義？本來就知道對方是已婚身份，還不止步，事後說的過意不去，不是很令人覺得虛偽嗎？

——

在這裡，觀念傳遞與大家共同思考應該是必要的。

是非對錯？怎樣算是？怎樣算非？對錯又要怎麼分？

其實都是立場跟觀點的問題！你站在怎樣的角度看事件，那個事件的是非就隨著你的角度而改變，以法律的立場言，已婚外遇有法律上的責任，法律是一種限制，只是想相安無事而設計出來的制度，但是以天性而言，男歡女愛本來就是上天賦予的本能，誰又能那麼精準的控制感情。

說非的是在法理的立場，說是的是站在情理的立場。

所以夫妻相處不是以是非對錯作為維繫的基礎，而是以「感情及愛」作為維繫的根本，互相都要努力去做吸引對方的動作，去留住對方，而不是抱著「你就我的」的觀念去維持婚姻關係，夫妻相處不來了，去尋求原因找出解方法，互相來改善，若無法解決而因婚姻關係而痛苦，那往外發展各自生活也不失為解決的方式。

那有人就是天生花蝴蝶，不幸跟這種人結婚了該如何？有的人一輩子在那邊哀嚎受創，有的人見情況不對趕快處理掉，不是是非對錯的問題，是你想要怎樣面對，怎麼處理的問題，也沒有所謂虛偽，他很誠實面對自己要外遇的衝動或是被吸引的感覺，而寧願冒法律的責任，也是很直率的去愛，只是對象不是妳而已。

過不去的是法律層面的思考，搶不搶，那是對「非外遇方」的感受，外遇的兩個人應該沒有搶不搶的問題，而是男歡女愛的問題。是非對錯會因時空背景而改變，重點是你怎樣讓你的另一半不想外遇或被外遇。

第肆章：

生命能量—上窮碧落下黃泉

4-1、愛需要雙方的平衡來維持

你知道「愛」嗎？

愛一個人，常常會有一廂情願，自顧自地付出的現象，自己覺得這個付出很珍貴，很深情，掏心掏肺的，其實對方是不是有跟你同樣的感受呢？還是只是自我心理的滿足，很多人都認同也知道「己所不欲、勿施於人」，但很多人不會想到也要有「己所欲，也勿施於人」的觀念，要尊重對方，先問一下對方是否需要？別人口味不見得跟你相同，你的喜好可能是別人的負擔，如果只是自顧自的付出，最後才在怨嘆「真心換絕情」，那是沒有道理的，真的愛一個人，是歡喜付出的，當你想到要對方回報你的付出，獲得不到你想要的回應而在怨嘆，在不平衡時，那已經是在做「交易」（生意）的心態了，而不是愛的表現。交易才會要有「等值或超值」回報的考量。

雖然愛不要做交易的思考，但是愛確實是需要「平衡」的，當相愛的雙方對愛的感覺不一致時，就會失去平衡。沒有人有辦法明確去定義「愛」，因為「愛」是一種「感覺」，每個人的感受、需求都不盡相同，所以沒有明確的愛的標準，只有你自己「接不接受」而已，當雙方沒辦法互相接受或一方不接受時就失去平衡，愛的感覺就會崩壞。

愛是要有「相對需求」的平衡的，當一方一直付出而得不到回報時，愛也就會崩壞，「有」情是從「無」情開始，所以對方無情是很正常的，當你想愛時，需要付出努力教會他（她）來愛你，雙方都有情時，愛才會成立。愛崩壞時，只是回歸「無」情而已，你又何必抱怨。

愛是相對能量的交流，當不平衡時也是會崩壞，「愛」，有人把它當工具，有人把它當武器，當你把愛當繩子，想牢牢捆住對方時，你自己也要有被綁住的打算，但你有想過對方願意被你綁嗎？「真愛」就如太陽，只是自己發光，為溫暖對方而發光，但是月亮就會反射它的光，花草樹木，蟲魚鳥獸就活躍生長回報給它，但是前提—能量要夠大。「真」是不為任何理由而去做直接反應的動作，比如看到小孩跌倒，你自然扶他一把，看到老人過馬路，你自然會去攙扶一樣，就只是去做，做了就放，當你想要「真心」愛一個人，那就先考量一下你的真心能維持多久？當你感覺愛不下去了，就必須考慮要不要繼續，不要讓自己過不下去。

「愛」應該就像磁鐵一樣，靠的是「吸力」，而不是「抓力」，所以當「吸力」消失，自然就會分散，吸力就如太陽的運作，只有不斷地散發自己的熱力跟光芒，而不是不斷要求對方回報。但是「吸力」不好拿捏操作，所以一般人都期待以「抓力」留住「愛」，越抓越用力，最後抓傷了對方也耗盡自己的能量。所以愛也要衡量自己的能力大小。

「愛」之所以難以定義，是因為「愛」是情緒性的東西，而不是有實際形體的物質，它只是內心的感覺或感受，跟喜怒哀樂一樣，但人就喜歡享受「愛人」或「被愛」的感覺，希望一直留住那種感覺，當那種感覺要崩散又留不住時，就是「痛苦」的開始。

而「愛」之所以驚險刺激，就是因為它看不到，摸不著，抓不緊，越想抓緊越覺得空虛，無法掌握，你只能去感受，你的另一方是否真心？你只能去抓那個「感覺」；當你的另一方表現出冷漠、抱怨、批判、痛苦、控制、支配，等等負向情緒時，表示你的回報已經不符合他的「期待值」，每個人對回報的期待值不同，可能是物質的，也可能只一個關心的感覺，所以或許你的一笑或擁抱，就能「平衡」他的期待值，所以不要只接收，偶爾也要付出，不要太依賴不求回報的「真心」，也不要用自己的想法去判斷，要直接去感受。

其實「七情六慾」是人的情緒反應，主要都在自己的「心的作用」，所以到底「愛不愛、真不真」，都是自己的認定，當你愛一個人時，是你心裡有他，還是你真的擁有他；其實你未曾真正擁有他，你只是反應「對方給你回應時的感受」而已，所有的痛苦、快樂、歡喜、悲傷，其實都是你自己的「心」的作用想像出來的，如何降低對方對你情緒造成的影響，只有一個方法：「降低自己對對方反應的期待值」，對別人越不要求，你的滿足點越快達到，也會越快樂自在。

4-2、對愛及情感要能夠「分時分段」看待

對愛情要能夠「分時分段」看待？為何這樣？

一般人都期待愛／情能夠永遠不改變，永遠保持一個樣態，這是不太可能達成的期待，因為人心隨時在變，這種期待也是痛苦的來源，要保持愛／情

的新鮮度，只有隨時跟著變，變的步調一致，才有幸福快樂可言，變的步調不一致，平衡就失去，愛情就崩散。所以去享受某一時段滿足的感覺，不要想牢牢去抓住一個時段的幸福，擁有而不佔有，在旁邊陪著走，輕鬆相隨會比較愉快。

通常我們都希望愛可以長久，一般人解釋長久的意思就是不變，愛的感覺就好像電視機一樣，不變的是電視機的外貌外觀，但是電視劇的內容是一直在變的，就好像物體跟心態的不同，通常我們都以為心態跟物體一樣是不變的，因為電視劇內容一直變換是正常的，所以你不會特別去注意他內容的變，但是另外有一部分的變，他變的是零件，顯像器的耗損跟老化，這是一般人很少留意到的變的部分；而人也是一樣，同樣的軀殼，但思維、觀念一直在變，人在一起好像兩個形體在一起就是了，事實上性格思想，每天接觸的事物也都一直在變，如果能分享這個「變」，同時去做維持變的速度和方向，其實他的感覺就會好像沒變，但事實上是一直前進的，就像兩輛車同時同速前進，如果定格在兩輛車，就好像是不變的。但如果定格在車外景物，其實他是一直在變的。如果兩個人能同時前進，則每天的景物都是新鮮的，人相處也會變的新鮮。

如果一方一直學習並進步，一方卻停留不進，那差距就會越來越遠，當前進的一方層次見解提升，你要讓他停下來等嗎？不會的，通常都是後面不前進的想要拉住前方持續往前進的人，變成一種阻礙；他會覺得越來越是一種負擔，跟他生活越來越無味，最後只有分離。

愛除了溝通之外，也要理解，也要願意，一方一直在學習一直在調整進步，一方沒跟上還會在一起，只有一種狀態，憐惜或包容，或是雖然形體在一起但精神上已經各自生活了，所以要能警醒，「分時分段」檢視自己的愛情，或是提醒對方，或是警惕自己，做階段性的調整，不論是自己的感受或是互相之間的感覺，只有雙方願意維持共同的節奏，感情才能長久。

4-3、愛需要「付出與回報」的平衡來維繫

「愛」是自己心中生起的意念，所以去追求愛，是要滿足自己的愛意，有時並不需要對方的回應而可以自己運作，這是單方面的愛的呈現。既然是滿足

自己，有所「付出」是必然的，至於對方要不要回報，那要看對方是否也同樣的意念，對方也願意，互相的「愛」才會成立，所以如何讓對方也願意？這才是要努力的。

但一般人總希望自己的付出就要有回報，卻忽略了尊重對方意願，而一味地要求對方同樣對待，不管對方是否同樣的需求感受，這樣的「愛」是失衡的，失衡就很難成立，這種只是「單戀」或「暗戀」，可以自我滿足，也可能造成傷害。

愛必須要拿掉「控制跟支配」的慾望，這是一般人很難做到的，做得到往往也會被說為「無情」，這是很無奈的負向循環。愛的化身通常是「控制與支配」，這在父母對小孩的「愛」的對待最常見，基本上出於對對方的關懷，但常常是父母自己想法看法觀念的投射，並不是實際現象；情人的對待也一樣，會以自己的想法看法去要求對方，這就會有「能量高低」（接受度）而出現不同反應的現象，小孩只能去接收父母的交代，但情人夫妻則有比較強的自主意識，所以會產生拒絕／反駁／爭執等等現象，所以如果能量強弱懸殊反而好相處，一方發出訊息一方接收執行，但長期失衡後的爆發問題更大，所以如果以

「看待」（提供意見不介入決定）的態度接受對方的心情，則會處於互相尊重的良性循環，才能維持一個動態平衡。就好像支持鼓勵師兄師姐來修行，但修不修實則尊重個人意願，願意修則予以幫助，不願意修或離開的則予以尊重，內心其實是很希望對方來修的，但是不能強迫對方一定照我們的意願，雖然我們知道那是非常好的事，這就是所謂「己所欲也勿施於人」的修為，並不是因為我們「愛」他，也認為對他是「好」的，因為希望他好，就要他非得跟我們一樣做才行，因為「好」每個人的認定不同，尊重他人獨立自主的意願才是愛他。

4-4、愛—要跟上對方的腳步

「愛」只是一個名詞，並不是有形的物質，執行「愛」的一個概念，通常化身為「佔有」，所以有人用「所有權」的「登記制」的概念來登記愛情，理論上是行的通的，但並不是必然，所有權的概念只限於有實際形體的物品，而

「愛」其實是無可限制的一種概念而已，所以用登記制登記的只是婚姻，所有權也只侷限在「身體」，且是在眼力所及的範圍，出了眼力所及的範圍，基本上是無法控制的，唯有讓「他的心願意跟隨你」，「愛」才有意義。

所以「佔有」是自己控制欲念的延伸，你可以佔有形體，但沒辦法佔有「愛」，如何讓對方不必控制而願意跟著愛妳，這才是要努力的所在。

那人要怎樣去愛？

只有去「懂」跟「接受」，「愛」只有去「懂跟接受」才能維持。

「愛」是由自己生活經驗累積出來的概念，所展現出來的一種「行為模式」，所以愛的表現方式「因人而異」，沒有好壞高低優劣，好壞、高低、優劣是人的「分別心」所比較批判出來的，但會影響的是：個人的接受程度不同。所以會造成正向與負向結果，造成相對雙方的愉不愉快的心理感受。

因此「去懂」「去了解」互相之間的思維與行為模式是很重要的，懂了就接受他，而不是去改變它，懂了你就知道怎麼愛他，即使它不見得愛你，但是你也可以從自己愛她去獲得滿足平衡，因為你有心胸去懂去接受，是心理層面的滿足，而不是「佔有／支配／控制」等私慾的滿足。

因為懂跟了解，所以可以跟上或配合對方變化的腳步，也調解自己能量付出的狀態，明白愛與不愛的分界，做適當的回應，而在愛自己也愛對方的情況下做適當的抉擇。

4-5、怎樣留住愛的人

情愛之中，想要留住對方，只有強化自己的「能力及吸引力」，很多人都覺得自己付出了，然後「以為」別人就「應該」會如何如何？這「自認為的應該」，就是造成互相磨擦的原因，你付出了，別人並不一定需要或是有接收到，所以你認為應該的「期待值」與「回收值」就會有落差。這樣講：該用力的時候雖然你用力了，但是用的力度不適合或方向偏差，因此就造成了別人的痛苦跟你的落空，用力是要用的巧跟用的好，而不是一味的出力，尤其是在對待晚輩或平輩的時候最容易出現，所以回頭看看自己拿的榔頭大小，跟檢討一下施力點著力點的狀況，應該會好些。

情愛的對待，更是這樣，用對方法輕輕牽引，或許會比要求對方依照你的意願（用力拉扯）來的讓雙方愉快且更有效果。

在愛情中沒有「背叛」的問題的，對方會離去或移情別戀，為什麼？

問題在於「你沒什麼好讓人留戀」的了，你的價值跟吸引力沒了，自然就鬆開了，每個人都想往好的，優渥的地方去，如果你真的很好，能吸引滿足對方，那對方會想離去嗎？為什麼你會認為對方是「背叛」，背叛那是你自己「主觀認為」他「應該是你的」，他的離去沒有經過你的同意，所以你認為他背叛而去撻伐他。

問題在哪？

問題只是在於你的「控制權」被瓦解了，你的支配控制的能力弱掉了，你的吸引力已經不夠了，帶情人／帶小孩都一樣，情人離去，小孩叛逆，該檢討的是自己哪個能力喪失了？應該要從那裡補回來，是經濟力不夠，關心不夠，還是自己的幽默感失去了，心量變小了，自己的心已經不在了，飛了；把能力找回來才是正途。

一窩一巢，飛走了會有其他的再飛來，只怕你的巢不夠溫暖，控訴背叛，你期望聽你控訴者幫你什麼？控訴，是只有弱者才會做的事。

「愛」是需要雙方都契合，都願意定下來才算是，這是靜態的穩定，有這種對象就可以不用再尋找了；如果雙方都希望自由不約束的模式，互相都能接受，也是一種穩定，但基礎比較薄弱，是變動的，尋找適合對象的過程不叫花心，是必要的過程，因為你不想屈就，不想隨便找一個人不知道適不適合就「將就」著過，那何不如就自己一個人過就好。

尋找的過程，如果有自己的標準跟目標，那就只有做去而已，即使要可以接受雙方都自由不受約束的人，也是要找到可以接受雙方自由的概念的人，「心靈會累」大都是勉強在一起而又要互相爭吵／適應，不是自己想要的又不能不要，這種才會累；就像想離婚又離不了婚，想結婚又結不了婚的這種狀態才會累，尋找的過程你可以將他定位為「花心」，也可以定位「堅持自己的理想」也算是一種浪漫，若要勉強湊合著過，真的就自己好好過就好。

對一個人的「珍惜」是一種心意，可以意會，可以感受但卻無法具體化，如何拿捏做到「珍惜」的真意？才是情愛（親／友／愛情）中的功課，前日與朋友談及「珍惜緣份」，才恍然大悟，原來「珍惜」就是在「自己最有感受」的時間點做應當做的回應，就像高檔的「蘋果」，你放一天讓他吐露香味，在最新鮮的時候吃掉它，這才是「珍惜」，而不是一直放，放到鬆軟爛掉不好吃了，才在那裡去腐削切，那就變成一種浪費了。

緣份也是，在你感覺最好的時候接受它，讓它變成愉快的起頭，而後持續維護這種感覺，甚至提升，才是珍惜，而不是因為怕破壞那種感覺，或是害怕得到後的再失去，就讓它放著放著，緣份放著放著就質變了，就走了，就再也找不回那種感覺了。

有的人認為擁有，愛護，就是珍惜，其實重點在於你對待的心態，當成是擁有物，還是你真的願意為他花費心力而不計較，在他最美好的時候接受他，並幫他更好，這是心意，「適時」跟「過時」，會有不同感受跟結果。

4-6、害怕失去讓你更用力

感情對待之所以會太用力，大都因為「害怕失去」，其實很多時候，你根本就還沒得到，所以戀愛症候群有一個很嚴重的病，就是「患得患失」，還沒到手的想去要，要到的又害怕失去，因為害怕又躊躇不前，所以如果能去懂感情的各種樣貌，就不會害怕了。

其實對感情的各種反應，大都是自己在自己的內心裏面翻攪而已，但做出來的行為就呈現反反覆覆，連預為防範的動作也會出來，所以會做出「提前反應」的行為，對情人／對小孩都是一樣，其實你只要去承認自己有這些情緒反應，大都可以順利解決，問題是很多不敢面對自己，加了各種掩飾／偽裝／包裝，所以解決不到「核心問題」，就好像是只解決到包裝禮盒的問題，沒有針對「產品」下去改善，搞了半天，還是要回歸原點，所以只有真誠面對自己的感情的感覺，才能處理感情。

男女愛情的世界，一般是很狹隘，有排他性，有獨佔性的，有排他性的並不是感情本身，而是相對應的人的「心理情緒」所造成，像愛自己的小孩就很少有這種狀況，人家越稱讚越照顧反而越高興，只有「愛情」，「所有權」跟「使用權」是緊密結合的，但這是天生設定的嗎？非也，這也只是時空背景養成的觀念而已，所以如果能做一個稱職的「小三」（這裡指的是稱職的小三，不是一直想要扶正的小三），是需要很高的修行功力，要修到違反人性，達到神性的境界不容易，要把佔有慾、獨佔性排除，要能知所進退，才能維持長久和諧關係，才不會造成悲劇困擾，這是真的「懂」及「接受」理解現實狀況，才能做這樣的犧牲及享受，如果想用力抓緊對方或想獨佔對方，那關係就會破壞掉，只有不用力，不依靠道德也不依賴法律來維持彼此關係，這才是情愛中的真修行。

4-7、「接受」跟「懂」，情愛是靠「吸力」不是「抓力」

在情愛世界中維持正常運作的有形約束的力量是「道德」跟「法律」，大部分真的愛也會藏身其中，但很少人能接受，「愛」也是有階段性的，愛到一段時間就不愛了，因為相處愉悅的感覺沒了，因為一般人就希望能「一次性」到位，希望愛就這樣定下來了，希望愛的感覺能夠延續，但卻都沒有努力去做讓愛延續的動作，這是問題所在。

情愛的維持，「接受」跟「懂」很重要，「懂」不見得能接受，「接受」的不一定能懂，一般而言，「懂了」只是比較容易接受而已，懂只是減少「操作錯誤」，減少誤會或誤判的機會，但是前提還有一個「喜不喜歡」的感覺，喜不喜歡是很主觀的感覺，很難量化或也很難實質化，懂了可以為「喜歡」加分，但接不接受又是另一個判斷，「接受不接受」受到個人生活經驗值及價值觀影響很大，一般人比較容易接受已知的，或已有的經驗判斷下「自己認為對的」人事物，所以「選擇性接受」是很普遍的現象，不管學習／不管信仰／還是感情都一樣，所以人到一定程度以後就成長緩慢，尤其是感情在受傷或是穩定以後，對感情的了解成長也幾乎就停滯了，也把自己能接受的範圍界定了，超出範圍就等於踩到底線，所以相處會出現「用力溝通」的現象。

至於「不接受」大都是因為超出了自己「設定的」「集合」的邊界，這個集合是自己觀念、經驗、所受教育等等的大成，超出邊界是一個衝突跟要重新學習的交戰，如果能隨時保持一個「學習」的學生心態，才能讓自己不斷的「懂」跟「接受」，才能加入新的經驗值，讓自己的「集合」擴大，你的集合越大，能接受的事物範疇也越大。

有人懂你是一種幸福，你能懂人是一種能力，常聽到情侶吵架，吵著吵著，就冒出一句「你根本就不懂我，不了解我」，這個就很無言，到底是互相不懂，還是你不懂我，我不懂你？

懂是一種能力，這種能力是無數個生活挫敗跟成功的經驗累積起來，對每個遇到的「人事物」都能吸收理解接受學來的，從錯誤中學習是比較快的，因為每個錯誤都會是一個痛，痛了就印象深刻，一般做對的事比較難再學習，因為那都是你已經會了的事，所以很多人都會說「從錯誤中學習」，所以人生歷練越多，所能體悟包容的事物就越多，心量的範圍也一次一次的擴大，所以叫一個沒什麼歷練的人去懂一個人或事是很難的，這就是「集合」的概念，一個「大的集合」可能可以涵蓋「小的集合」，但一個小集合再怎樣也不可能吃掉一個大集合，所以學習、練習、經歷，可以增大自己的容量，增進你懂別人的能力，但是如果遇到痛就抱怨的人，已經失去學習的機制，要擴大或成長就有其困難度。

4-8、什麼是隨緣？

「緣份」不是一個快遞，來的時候會要你簽收，它像隨風而來的飄香味，聞得到他的味道，卻無法確認他是否真實？

所以當你感覺到緣份到來，卻不去聞香辨位，找出飄香的實體，緣份亦將隨風而去。

所以隨緣是什麼？

當徵兆來時，你能查覺徵兆，並付出努力，去將徵兆背後的實體加以經營，結果可能是好，可能沒那麼理想，但是你已經做了該做的付出或表達該表達的誠意，結果就不去設定或強求，這才是隨緣，而不是放任無所做為的放他隨風，如果是放風，或許是你並不認為這是你所想要，緣份放著放著就過去了，就像果實在成熟時不去採摘食用，放著放著它就腐壞了。

就像農夫種樹，要有好的收成就要付出心血，緣份就是緣著時序做份內該做的工作，該灑水時灑水，該施肥時施肥，該除蟲時除蟲，隨緣則是不論果實被蜂叮了，遇颱風大水打壞了，或是豐收了，你都能笑笑面對，或是重新收拾，這才是隨緣。

有時候外力無意的介入，或施錯肥，用錯除蟲的方法，也是影響收成的因素，接受這些因素的到來，再深入了解，去學會，去成長，避免再一次錯誤，而不是在那裡抱怨，責怪。

緣份是有時效性的，可能五百年一回眸，抓不住再回眸又是五百年。

情感就是這樣，要能適時接受他的到來，要能寬懷他的離去，在到來跟離去之間，好好付出你的心力。

越懂感情會越隨緣。

4-9、愛—是自己內心的滿足—談「花心」

花心？常聽到男生被罵花心，花心的精神是什麼？到底什麼是花心？花的心藏在蕊中，中間有「蜜」，本身應該是甜的，作用是吸引蜜蜂蝴蝶採蜜，然後散播花粉以傳宗接代，如果以「花心」定義感情的運用是多元的，那應該比較像是形容女生的狀況，而男生應該比較適合用採蜜的昆蟲來形容，所以自然界本身設定應該就有「廣納博採」的特性。

但是人的感情就是不一樣，很狹隘，有排他性，有獨佔性的，這都是為了讓自己感到「愉悅舒適」，讓自己快樂，但也因為這樣，產生了恐懼，害怕失去，其實也是為了「避免痛苦」而已，（佛家不就是講要「離苦得樂」嗎？）就用了道德、法律、習俗來達到這個目的，其實是很辛苦的，所以最好避開這種辛苦的方式，就是找到「懂」及「接受」對方的人，以前待的靈修地方的老師，常拿「愛迪生」當老師，我發覺「愛迪生」，真的是一個好老師，愛迪生發明電燈，嘗試過幾百種材質，最後找到「鎢」，幾百次的實驗，別人定義為「實驗失敗」，但愛迪生只定義為「過程」，只是找到「鎢」的必要過程。

所以「花心」為什麼沒辦法被接受，那只是「道德」跟「社會觀感」的評斷，以及使用「花心」的人它的目的性有爭議；如果我就是希望找到一個不用道德法律，就能夠雙方有默契，互相能懂及接受一起快樂生活的人，那去嘗試交往，沒有辦法達到我們期望的目的時，那去轉換目標也是合理，你總不能跟愛迪生說你只能試驗多少種材質，不管合不合適，你就只能用這種材質做電燈？那就要把鐵鍊成鋼，鍊成鋼再加強延展性，再加藥劑加強亮度，最後也是發光個幾小時就要壽命告終，那有意義嗎？

所以材質是不是要換？那是找到對的材質重要，還是就屈就現有材質去做調整改變，其實也各有好處？你自己想要什麼？接受什麼？其實，幸好愛迪生有找到「鎢」算不錯，有多少發明是無疾而終的，或許不花心就修出自己「神性」出來了，因為你有足夠心胸接受所遇到的任何事，並且學會處理的方式，最後自己一樣要能快樂自在。

情愛最終還要定於一嗎？

「花心」一般人的看法比較負向，那到底「花心」怎樣定義？認為是到處沾惹也好，還是無時無刻沾惹也好，或者是來者不拒的也好，就是一個感覺，好像無法停歇，就是一個感覺「定不下來」？真的是定不下來嗎？

「安定」是一般人的心理需求也是期待，但「安定」是可遇不可求的，姜太公還得遇到周文王，諸葛孔明也得劉備三顧茅廬，胭脂馬也得遇到關老爺才行，是有沒有找到（遇到）「對的人」的問題，不是有沒有辦法停歇或定不定的下來的問題。就像「鎢」是愛迪生找到的最後一個材質？還是實驗過後「最適當」的材質？

花心，有時候是尋找，有時後是等待，但心中是有一個自己「期待的模樣」，當遇上了就會自己「了然於心」，等待或尋找就會停止，沒人知道過程是多久，沒人知道遇不遇得到。

那「花心」有什麼道理？

「花心」到底是隨便還是堅持的浪漫？那「不花心」是堅持的浪漫還是隨便？其實「花心」只是一種現象，好壞取決於做這個行為的「人」的心態，「花心」的人如果目的只是想採花而不是想最終照顧花，或過程中也不願照顧，那當然值得爭議，不花心的人如果也不想照顧花，只想藉花的光彩庇蔭，那也是很傷腦筋。如果是想能找到「適合自己照顧」的花，花可以長得美，花也能給顧花的人芬芳，精神愉快，哪豈不是各得其所。

花心的人想找到心儀的花（草），這種堅持是一種浪漫，不花心的人對遇到的花（草）心儀，然後堅持把它顧到開花結果，這種堅持也是一種浪漫，所以花心的人採花不顧花是一種隨便，辛苦的是花，不花心的人對遇到的對象不加驗證即想託付終身，也是一種隨便，辛苦的是自己。

所以花不花心都是一種修，花心的人修—對人世間情感的認知，而後學會處理各種感情問題；不花心修—對一個對象所產生的問題，學會處理事及如何調整自己，花不花心都是在尋找並修正一種自在跟愉快相處的方法。

4-10、愛為什麼會「累」？

愛——有沒有條件？很多人都很理想，你說「真的愛」是沒有條件的，你確定嗎？

那你為什麼會跟妳的太太／先生結婚？為什麼跟你的男女朋友做朋友？為什麼不是別人？為什麼不是街邊的遊民？其實每個人心中都有一個自己評估的標準，只是你沒辦法明確把它條列，但是當對象進來，你卻可以很清楚她（他）合不合乎你的「條件」，為什麼喜歡？為什麼厭惡？因為你心中已經有設定了某些條件而不自覺。

大多數人是無法明確自己對感情的喜好需求，就像考試不是很確定答案一樣，所以只好（也只能）用「刪去法」（先刪去可知的非正確答案），去求取比較可能正確的答案，但是最後的答案也並不一定是正確。但是若經過隨堂測驗，小考，期中考的已經知道答案的，他就可以直接選擇，因為他已經知道答案，所以當沒有正確答案時，他可以用經驗去演算甚至用「帶入法」直接填寫答案。所以敢去找尋甚至願意等待的人，其實對自己感情的需求應該是比較篤定的了，只是對的答案尚未出現，當對的答案出現了，他的追尋跟等待也就結束了。

那「情愛」為什麼會「累」？愛的累是心靈的累，也是心裡的淚，當兩個相愛的人會覺得累，那就有必要討論到底雙方「愛」的是什麼了，當兩個人心靈契合時，愛是輕鬆愉快的，那為什麼會累？會累是因為互相的心靈並沒有滿足，也可能是互相都在遷就，也可能是還處在一個爭競、拉扯、互相要求的狀態，心裡還在百般的不願意，講白一點就是還在「拚輸贏」，都還在要求對方改變來適應自己，沒有放下自己；講平和一點，就是還在希望對方改變調整來符合自己的期待值。

這就是選擇了一個答案卻不是很正確時的掙扎，互相還沒有共同的生活理念跟目標，或許互相可以調整得過來，但就是會經過摩擦，也需要時間適應調整，適應調整會很累，也要雙方都彼此意願，所以當雙方都契合，都願意定下來時，這種累的現象會降至最低，這是相對靜態的穩定，有這種就可以不用再尋找對象了，尋找的過程不叫花心，是必要的過程，因為你不想隨便找一個人不知道適不適合就「牽就」著過，那倒不如就自己過就好。

所以當一個心中有明確標準跟目標的人，他很明確自己需求是什麼時，他的心是不會累的，因為心裡是沒有拉扯的，就只是很單純去把答案找出來而已。

尋找—就只是做去而已，心靈會累大都是勉強在一起而又要互相爭吵／適應，不是自己想要的又不能不要，就像想離婚又離不了婚，想結婚又結不了婚的，這種才是叫「真累」，尋找「對的人」的過程你可以將他定位為「花心」，也可以定位「堅持理想」，也是一種浪漫。

其實相處要不累，只要去承認其實所有的愛都「只是愛自己」而已。很多父母／情侶／朋友，常會要求小孩，要求對方，做這做那的，然後一句因為「我愛你，我是為你好」，啪的一聲，一頂大帽子扣下來，誰都沒辦法承擔，那到底是「我愛我，為我好」？還是：「我愛你，為你好」？

很少人敢去承認自己內心的需求，總是包裝成在為別人設想，為別人考慮，新交了女朋友，時間到了要趕快去接送，不然會危險，事實上，他以前還不是這樣來來去去嗎？為什麼變成你女朋友就會危險？那到底是你擔心女朋友被追走危險？還是你想顧好她，還是真的很危險？最終目的不過是希望女朋友是穩定不會出事的，能這樣自己就愉快了，那結婚以後呢？不接送就不危險了嗎？

要求對方配合自己調整，還是自己為愛調整來的好，其實目的都一樣，都希望兩人相處得好，說好一點是兩人都快樂，自私一點說就是希望「達到自己安心快樂」的狀態，所以只是「你以哪個觀點出發」的問題，因為我愛自己，希望自己能達到快樂的目的，所以我來調整我自己，所以希望你調整來配合。一個是自發自願的，會很幸福，一個是要求的，對方是被壓迫的，所以會很衝突，達到目的的方式不一樣而已。

如果以承認「愛自己」為出發點，就會少了「要求」對方的成分，而變成「配合」的和諧氣氛，自己去做去付出也會比較快樂。

4-11、越懂感情越隨緣

閒適自得—蒔花等花開，賞花何須摘。

感情真的是很難理解的物事，說是自己的感受，卻又無法不受他人干係，一般人都會想控制感情的結果，卻往往無法如願，因為感情的相對方也是這種想法，你能真的去體認「每個人都是獨立運作的個體」嗎？你能確實尊重這個個體的意志嗎？

很難！對於感情，尤其是男女的感情，尤其是追求「窈窕淑女」，我想用「蒔花等花開」的心情來面對是比較上最恰當的，蒔花，就是移花種植，你想種花，種花須具備什麼條件？要有「閒適自得」的心情，因為你要選要選對地方，選對品種，你要選對季節，選對土壤，選對肥，你要除草除蟲，挑枝選葉，還要是風調雨順，天候作美，最重要的是你要有足夠的耐心等待花季到來，你要投注心力，所有的工作都要做，但是你不能急，所以「等」的功夫很重要，用怡然自得的心情，享受種花翻土除草施肥過程的樂趣。

是當下就是美好，而不是用期待結果美好的心情。

所以追求感情，是享受追求過程的轉折與心境的成長，等一竹寺，就是竹林下的僧寺，用寺僧的心境，「賞花何須摘」，種花可賞花，賞花則不必然需種花，一般種花會期待花開，會認為自己所有，有控制的權利，不是自己種的花，也會有私慾想占為己有，所以感情最大問題就在占為己有，因為占為己有就已經失去「每個人都是一個獨立個體」的尊重。

所以「賞花何必摘」，何必一定要摘為己有，尤其是感情雙方，雙方自由意願很重要，不管情人，父母子女，朋友。所以「賞花」需有品鑑的能力，更要有開闊的心境，做得到嗎？很辛苦，但是可以，既然人生是來歷練，來感受，終將無法帶走，所以去享受這種曲折的心境歷程，去感受每一個轉折帶來的酸甜苦辣，用一種閒適的心情，用一種自得的心情，每一個過程都有喜悅。

第伍章：淺緣深情——恰似飛鴻踏雪泥

5-1、無情是乃真有情—要揹負多少包袱生活

朋友的父親往生了一年多，終於承受不了，透過妹妹的關係來到道場，只是想要尋找解決之道，他說他也做過「聽析」，正想透過另一種「靜觀」的方式，希望能化除心中的壓力，因為他覺得壓力已經到達頂點，之前吃過一陣子抗憂鬱的藥，也有過輕生的念頭，而原因則在於「對父親的思念及愧疚」，一部分來自於姐妹的不諒解，他父親死於骨癌，在四年的治療期間幾乎都是他在接送照顧，而由於末期治療中，醫生建議的治療方法抉擇有誤，父親可能因此更早離開人世，他很堅強地在處理完後事，姐妹卻指責她無情，只因為他認為要把父親的後事辦好，不是哭的時候，他不能跟著大家一起悲傷，必須有人理性處理，而因她的關愛所抉擇的治療方式，也被姐妹認為錯誤是她造成，應該選擇另一種治療方式才對，導致他也認為責任在己，並因此跟姐妹口角，不但失去父親，也跟姐妹間有了間隙。事情憋在心理一年多，終於無法承受。

我們在看這個事件，反映了幾種社會現象：

1.工作做最多，最努力的人，往往也是被指責最多的人（多做多錯理論，

因為做事目標多，被打槍的靶就多）。

2.關愛最多，能力最強的人，往往也是承擔責任最多的人（能者多勞理論，盡責又不會推諉）。

3.做事最少的人，往往就是批評最多的人（劣幣驅逐良幣理論）。

4.對別人的指責，往往是反映對自己未盡責任的逃避心理及自責（投射反應）。

5.心理的壓力不處理，終有一天會爆發（垃圾會發臭理論）。

6.大家都有責任的工作未分工開來，你將成為眾人攻擊的目標（成者為王，敗則萬骨枯理論，因為事情他們都有責任，你卻一人擔起所有責任，成是你，敗也是你）。

其實，真正要講的不是上述的各種問題的呈現。

而是「情」字如何割捨？

爸爸往生了，沒有哭，讓人感覺是無情，但她卻用寶貴的四年青春陪伴他。爸爸往生了，沒有哭，讓人感覺是無情，但她卻為爸爸做了完美的句點。

骨癌火化後，被啃噬而斷續的骨灰，是她四年最刺骨的痛，姊妹不諒解而生口角，是她隱忍心中的無奈，爸爸的嚴厲是無情，造就他們學業事業及生活上的驕傲，也是讓他們對爸爸最懷念之處，有些事情看似無情，但唯有無情，才足以表達內心最真摯的感情；很多人無法理解，棒下出孝子，出孝子的原因是棒下有最深的愛與期待，如果沒有愛，棒下也會出孽子，兒女不教，嬌寵溺愛，看似有情，到了警察局，悔悟已遲，有情、無情，真的很難拿捏，唯有當事人了解自己的感情。

朋友原本以她的真摯的感情照顧爸爸並料理後事，但因姊妹的質疑使她迷惘而陷入無法自拔的歉疚中，對自己是一種無情，但不自覺，如何判斷有情無情，愛真愛假，我想，應該從「初心」及出發點來探討，有沒有辦法探究最初的心態？追根究底了解他的目的。還有一個，就是她怎樣對待自己，一個不懂得愛自己的人，她怎麼可能知道如何愛別人？而最終的心理漩渦，則來自無法對事情做結束。會開始不會結束是很多人都有的問題，因為缺乏結尾的訓練與智慧（也就是經驗不足），所以好事拖成壞事，新鮮漂亮拖到發霉發臭，還得花時間再處理。

生滅是極自然的事，也是必定發生的事，要去了解自然中的段落，也要讓心了然段落，割捨是一種智慧，也可以訓練，準則則在於是否讓自己活的快樂又不傷害到別人。事情要知道原委，了解最終目標後，要能絕對的無情，這很難，所以為什麼要「修了行，行了修」。

當你打電動過不了關時，就要摸索其他過關的訣竅，這路不通試他路，再不就請教已過關的人，不停的嘗試，修正，再嘗試，再修正，直到過關為止，這就是生活，就是修行。

生活、處世、情感就是修出來的，當你修了後，你就能知道，你到底背負什麼包袱在你人生的路上，你可不可以，願不願意放下它。

5-2、真的要愛的那麼辛苦嗎？也談一談緣份跟宿命

「緣份」跟「宿命」到底得罪了誰，卻一直要被拿來代罪，一個十幾年的朋友，從我入行以來就認識了，我從未婚到結婚到離婚，從我不信神到學易經、命理到打坐、修行、拜神，她仍舊一個樣—為情所苦（跟我無關啊）：剛踏入社會工作時，糊里糊塗跟老闆上了床，以為這樣就安定了，後來發現老闆不但有老婆、外面還有一些情婦，少女情懷嘛，總以為自己好好伺候他，一定能挽住他的心，把他留在身邊，總以為自己是厲害腳色，到家裡吵一吵，再跟蹤抓幾次「幽會」，就可以把男人管死，（不用抓姦二字，乃因她也非正牌，排不到抓姦資格），結果還是落空離開，總算遇到一個中意對象，交往了一年多，被結婚的對象仍舊不是她，（相處問題吧），又回到原先老闆身邊，改用柔性政策，又幫他顧小孩，又努力幫他做事業，斷斷續續維持著這種關係，原因無它，想找一個依靠。

他給自己編織一個正常夫妻快樂生活的憧憬，慢慢的在得不到承諾的同時，這個憧憬越來越失落，這時身邊工作伙伴的關心讓他再度放開心接納另一

個男人，即使她知道，這個男人有老婆，但它需要的是關心跟愛護，在這裡好像可以獲得。於是上演著時下流行的戲碼－劈腿，而且是雙劈腿，劈腿原也無可厚非，做好擦嘴工作就好，反正雙劈腿大家睜一隻眼閉一隻眼就好，偏偏劈腿又要拆穿，大男人難免有只准州官放火，不許百姓點燈的思維，結果自然是心情低落複雜再加傷心猶豫（快歇斯底里了），她也疑惑：為什麼他的朋友也是劈腿，為什麼他們不會這麼痛苦，

難道這就是他的宿命嗎？

這個時候不禁要問：到底幸福在哪裡？每次要進新工作場或感情傷痛都來找我問卦。

我只能當做心理協談，不然又能怎樣，安撫而已，能幫多少幫多少。

探究其原因，主要來自於女人想要一個「歸屬感」，一份安定的心，在他讀高中時才知道原來自己是被送養的（家窮，女孩又生多），原來家人不是親人的恐慌，對原生家庭親人的疏離，是對事情處理智慧與成熟度不足的負面反應，事情突如其來，又沒有人開導，導致後來想藉婚姻安定下來，擺脫現況，建立一個屬於真正自己的家的期待，反而變成他的壓力與負擔及方向的偏差，

一直迷失在自己的思維裡，其實也跟她剖析過，她自己也認同，問題是，為什麼跳脫不出來又放不下。

通常這都將會被歸類到「緣份」及「宿命」，無奈與無能為力時也只能如此，緣份跟宿命真的很悲情，所有不好的，難以解決的，不願認真處理的，統統讓他們來承擔。

是真的這樣嗎？很多事情其實是可以解決的，只是一般人都傾向拒絕與不信任的角度罷了，那要怎樣才有辦法跳脫，其實很簡單，跳脫不出來是因為你用同樣的思維在做同樣的解決方式，數學要解答，用錯公式，用這個公式已經失敗解不開了，難道你用同一個公式再重複計算一次就會解開了嗎？嘗試一下其他公式嘛，調整一下思維就好了。對自己殘忍一點，不要不忍心又捨不得。

所以在這裡就我們就要思考一些現象了：

1.緣份只是一個因，不帶善惡，他引領不同的個體遇合，是善緣是惡緣由遇合的個體決定，你做不好不要將責任推諉給緣份，善惡之分的過程跟結果是由你決定，人習慣撇清責任。

2.宿命是一種指引，到達目的地的過程如何由你自己決定，妳接受他給你的各種狀況照著走，沒有加上你自己的努力或調整，就是一般所謂的宿命，你如果用心加以調整就創造另一種好的宿命。

舉個例子來說，給你一條路通到日月潭好了，這條路坑坑洞洞，下雨又積水，還要過河，爬山，一般人就照著這種路況走了，一不小心濺濕了褲管，碰到坑洞又跌倒，爬起來又剛好扭到腳，再倒霉一點的掉到河裏差點淹死，然後說這是宿命。問題是你為什麼不捲一下褲管或停下來填平坑洞一下，你不想搭座橋渡河，至少做個舢板或拉條繩子嘛。如果生命只是讓你傻傻的來照著走，那你要來歷練什麼，你要來學習什麼，你不想另外下功夫做些什麼，那你至少學會怎麼安全通過嘛。人習慣不動腦筋生活，是因為缺乏生活的智慧。

3.人都有習慣性思考，很難跳出既有經驗值，這個就是人的認知範圍，人常會拒絕這個範疇以外的事物。

4.人受限於既有傳統，道德觀和法律限制，導致思考侷限，被定型在各種框框內，習慣照做，而不曾去探究創設這些事物的本意，或嘗試凌駕其上，以致產生約束感。

5.超越既有的認知範圍稱為未知，每個人的範圍不同，但對未知的不了解無法掌控，導致害怕不敢跨越的想法做為則相同，勇於嘗試的人開拓更大的生活範圍，因為你的未知可能是別人駕輕就熟的範籌。

6.你沒見到的東西，不表示他不存在，只是你沒見過，當別人跟你提起時，你可以嘗試體會一下，因為人的所知範疇還很有限。

7.緣份的到來是要帶你體驗另一個生命經驗，不要迷失在緣份裡，而要想想怎樣做才會是一個善緣，或說是一個令你快樂的體驗（經驗），善惡是你做的過程產生的結果。

8.還有，你學會了愛自己嗎？如果你都用錯誤的方式愛自己，或是根本不愛自己，你想你愛別人的方式會對嗎？根本的基礎不成立時，結果很難是正確的。

就像我朋友一樣，不敢確認如果離開這兩個男人到底會不會好，認為抓住其中一個至少還有一個可依靠，人既然無法處理，介紹另一種處理方式，又受限於以前的經驗認知，拒絕接受，那只有任她了。但是真的要愛的那麼辛苦嗎？

別人如何並不代表同樣狀況的事情會有同樣結果，每個人面對的態度不一樣啊，看待的方式不一樣，處理的方式也就不同，所以要不要愛的那麼辛苦，是你要不要的問題，決定在你，不要你都不做為，然後把責任推給對方去決定，情關堪不破，是女人的悲哀，只能建議她，趕快做一個有智慧的女人，不要再做傻女人了。

5-3、為什麼會痛苦？走出痛苦用哪招

「橫看成嶺側成峰，遠近高低各不同」這是前人對廬山的描述，其實這也是一種學習的要訣，學習開闊看待生命的要訣，看待痛苦也是。

今天早上，陪一個朋友跑了一趟新竹，只為了去一個老師那裡做「祭解（改）」，因為她的男友棄她而去，沒有說明原因，沒有理由，也沒有「相辭」，更沒有給任何答案。所以她「不能」接受，希望他至少給她個理由，或起碼「相辭」告知一下，她覺得這樣是「不明不白」，雖然她知道他另外已有

女友，但是就是不能放下，弄得她現在「副交感神經失調」，自律神經功能障礙，會不自主顫抖，吃西藥又有副作用，又做針灸，又吃中藥，還要找老師「祭改（祭因果改運）」。

其實不是單純失戀問題，她自己也清楚對方為什麼會離開，只是她不接受這個事實而已。只是因為執著於沒被告知，堅持要一個分手的理由或交代，而把自己歸類在是被遺棄的一方，也導致對自己的自信受挫，（可參看分手的原因跟理由）。

不過還好的是，她知道要「求救」，知道要求救就有救，如果連求救都不願意，那就沒救了。就像報紙社會新聞常常刊很大，從高樓跳下，還有連續鏡頭跟氣墊，這算好運的，（那是她是連求救的意願都放棄了），其實我這邊就可以幫他處理的，但我只是告知，並沒有叫他要在這邊處理，因為他沒有向我求救，只有幫她，帶她去她已經求救的地方，算幫忙吧，也看著她避免意外，因為她沒有求救而你主動幫她，她是不會珍惜的，相對的信任度跟接受度也會不夠，對你所處理也會持比較懷疑的態度，效果會打折（人的天性，強迫不了，要她自己願意要求才有用）。

人生為什麼會痛苦，佛家說的：怨憎會，愛別離，求不得：感覺很深奧，但這只是把引發痛苦產生的現象做歸類而已，其實，真正痛苦的原因應該來自於對事情的「不接受、不接受、就是不接受」，因為不想又不願接受，偏偏他又發生，造成心理感知以及認同的落差，連帶影響大腦運作失調，又變成身體運作的失控，其實主要還是來自於對已發生的事情「不能接受、不願接受」。

試問「失戀」、「離婚」、「辭職」、「被開除」、「考試落榜」、「親人死亡」等事情，請問離婚，失戀的雙方都會不高興嗎？都會痛苦嗎？這是兩造訴求點會不同的問題，「提辭呈」跟「被開除」不都只是離開公司嗎？為什麼會一種現象，兩種反應，同樣「被開除」、「考試落榜」，有人痛苦萬分，卻有人瀟灑自如，而另創新局。

可以認知的差別是：一個是出於主動要求，一個是被迫認同；一個是不願接受事實，一個是接受了而往前進，根本就在這個關節，但同樣離婚被迫認同，為什麼有人痛苦，有人不會，有的只要幾天就回覆正常，有的卻要幾年的時間；「被開除」、「考試落榜」，有的人就窮困潦倒，有的卻能開創自己的一片天，原因只在於「接不接受」，接受了，生命就會自己再找出路，不接受就一直停留在最原始的狀況，找原因，找答案，有人短時間就能接受，馬上改變，調整腳步跟方向，所以痛苦的時間短；有的人則需要較長的時間甚至不能接受，所以一直停留在痛苦的狀態中，越不能接受就越痛苦，調整的時間就更長，狀況越糟，等到哪天接受了就好了。

以「考試作弊」來說，有的人所受的教育跟觀念，就是不能作弊，所以你叫他作弊，他就非常痛苦，因為跟他的概念相反，她沒辦法接受，有的人她就覺得「作弊」是理所當然，妳叫他不要作弊，她就考不及格，她也沒辦法接受，也是痛苦。

所以「接不接受」，在於你生命經驗值的問題，也就是你的能力和自信的範疇，超出你生命經驗值的範圍，就變成你必須一再思考的空間，接受了就把生命經驗值擴大，反之則維持，若強迫你擴大這個經驗值，就變成你的痛苦，要痛苦多久？就看你思考接受的時間跟接受的程度而定。

當你強迫一個所謂的聰明的好學生「作弊」，他可能會很痛苦，但作弊完了沒事，下次叫他作弊就比較容易些，以後他可能成為一個作弊高手，因為他的經驗值已經增加，以他的聰明才智，反而他會發展考試作弊不會被抓的更高明方法（找到更開闊的出路），當然這不是一個好的榜樣啦。

所以「被失戀」「被離婚」是同樣的道理，接受了「被失戀」「被離婚」在你的生命中是存在的經驗，妳就能以接近「吃飯」「睡覺」的角度去看待，這是增加生命的歷練和經驗值，只是有人會調整自己成為不會被離婚（被失戀）的狀態，（包括正向作為跟反向作為），有人則調整成視離婚為便飯，慣性離婚（失戀），當然這樣就不是很好，這就是一種，修—行（態度觀念方法的修正而後付諸實行），所以修行是中性的，也是有正反兩面，有越修越好，有越修越苦，所以跟對老師直接帶你進天堂，但可以確定的是一經驗過後它的痛苦度就不會那麼高。

但是要怎樣才能「接受」，面對現實是最必要的，對情愛痛苦的調整，「填空法」是最快速的，「轉移注意力」也是好方法，「正向思考」都可以，還有「求救」，各種方式的求救都是，人為努力無法處理的，尋求無形力量的幫忙都可以，但是最根本的方法是，在自己的生命經驗值裡加上「愛自己」的選項，並把他列為第一優先，愛自己不是教你要自私，是要建立自己對痛苦的免疫系統跟防護罩，是要保護自己後再充實愛別人的能力，建立自己的自信跟能力，是最有效的方法。

再者，試著去了解「事情發生的本意」，或者說「道德傳統或法律規範」產生及建立的本意，這些是社會傳統的框架，有時候會窒礙你的想法，去想想，讓你失戀、離婚、落榜、作弊，到底要告訴你什麼？要你去從中學習些什麼？

或者是老天要安排什麼路給你走？

事件是讓你成長的，不是讓你痛苦的，教科書發下來的目的，是要讓你學會課本裡的知識，而不是要你死當的，讓你失戀、離婚、落榜、作弊，是要開闊你的生命經驗，而不是把自己圈在這些痛苦範疇中，你學到了嗎？

走不出失戀的痛苦，就沒辦法再享受戀愛的喜樂憂愁。

接受！接受！再接受！真心的再接受，這就是你的修行了，要修出智慧來，要越修越懂得快樂。

5-4、放下真的很難，放得下是一種福氣

放得下是一種福氣，要放下非常不容易，如何跳脫自己看自己，能清楚明白自己所做，能清楚會有什麼後果，在做的當下，如果已經能分辨自持，那是非常愉快的事，但往往很難去掌握，做的時候不顧後果的居多，當暢快做完以後，發覺結果已經脫離自己的預期時，那種後悔沮喪難以形容，因為傷害造成以後，花十倍百倍的心力都難以彌補，那只有盡力了，不要預期彌補的效果到哪裡，做就是了，然後接受那彌補最後的結果，只有這樣才不會讓自己繼續沉溺。

放下做的過程，放下最終結果，選擇讓自己愉快的方式，但千萬不要冷漠，冷漠，是人際關係最大的傷害，而且傷害的不僅只是對方，而是相對的兩方無法彌補的鴻溝。神明給我一個機會，讓我很強烈認清自己；給我一個機會，努力去做彌補的工作，抱持愉快懺悔的心；神明給我一個機會，學會去理解跟寬恕；神明也給我一個機會，學會接受，學會放下，在過程中都能清楚覺察。其中的心酸苦楚只有自己清楚，當結果來臨時，沒有遺憾，沒有怨懟，不

用包袱到處背負，沒有輸贏計較，放得下是一種福氣。

蜘蛛結網，靜靜在等待過客，飛進來的、留的住的才是他的食物，何不用蜘蛛哲學，結好你的網。

朋友問我面對婚姻離婚狀況為什麼能這麼坦然？是真的放下了嗎？還是無力之後的妥協！如何呢？以前或許會跟你說：放下了。但到現在已經不是放下了，而是接近一個「無意念」的感覺，對這件事已經不在我心思考範圍之內了，已經不起影響作用了，應該說在我「關心」之外，拿起/放下是很自然的現象。會放不下，畢竟是因為還有一個物、一個情在執著，我能放下並不是無情，而是大自然運作的道理，我能坦然面對，應該不是一般說的「無力之後的妥協」，而是接受努力之後的結果，我只是跳離「唯一」的迷思而已。

通常我們做事情之前，大都會設定一個期望值（說目標或目的比較直接），期望努力之後的結果是正面的，是成功的，但是事實上每個事情都有相對的兩面，甚至三或四種甚至更多狀況和結果，還有成功跟正面的界定為何？也不過是自己設定的標準吧，我們只是希望別人符合我們的標準而已，其實做這件事所產生所有的結果，本來就存在，都是結果之一，只是我們一直希望出現我們期待的結果，未達期待值就很失望，無法接受，於是就更用心力想去說服、去溝通、去追求，也就更辛苦。

要放下真的很難，放下可以訓練嗎？大部分人的情況只是沒有認識到真實面，還在自己的期望跟失望中轉，轉不出來而已，應該說是「迷」吧，只要把不甘心拿掉，把傷心拿掉，把愛恨想清楚，把「我的」所有權的概念調整一下，你說：「我的先生」「我的孩子」「我的老婆」「我的女朋友」，那到底怎樣程度才算是「我的」，能維持多久？

把對方當獨立的個體看待，只有他自己願意為你擁有時，那才真正算是你的，否則都不是，即使是你的，你要用多少努力讓他維持一直是你的，你有多少能力掌握他是你的，既然不是，又如果沒有能力，根本不曾擁有，你還有什麼放得下放不下的問題。

應該訓練的是自己的智慧吧。

5-5、離婚療傷要多久？

花現、花開、花殘、花落、為什麼就陶醉在吐蕊、盛開之時，難到花謝、花殘就不是花生長的過程嗎？

看到一池荷花，知道多少是蓮子入水後再展現的生命嗎？

雖然目前社會離婚已經是很普遍的現象了，但是處理分手的問題仍然是一門棘手的學問，怎樣靜下心來看待呢？看來必須開設一個離婚療養院了。

這個朋友有一段時間沒見了，再碰面已時隔一年多，已離婚，卻仍脫不了那個陰影，到底離婚要多久時間療傷才行呢？

他說一直放不下不心中的怨，問他才知道是因為他自己認為是人生的大失敗，還有因為被捨離的不甘心，或是感覺被背叛後的受傷，才會如此。

曾經我也有這種感覺，比較好的是有小朋友拉著我，沒時間傷痛，只有往前走，所以很短的時間內重新面對生活，看他說吃藥，吃安眠藥抗憂鬱藥？告訴他應該可以拋掉了吧，如果失去一個舊愛，卻要阻斷新歡的來路，真的很不值得，好好愛自己吧，把自己身體顧好。

其實不是我真堅強，我一點也不堅強，剛離婚時每回打坐也都是嚎啕大哭淚流滿面，心裡有苦，大聲哭出來淚流一流，還是要面對每天的日子，只是我接受已經離婚的事實，離婚只是給我重新檢討自己面對另一半時的相處對待方式，讓我準備好，好好對待下一個真心愛我的人，其實人不必堅強，誠實面對自己而已，接受他是生命歷程中的一個曾經，接受他已經離去，往前而不往回頭看，離婚不是你的失敗，只是把你從依賴（現狀）中拔出來，重新面對自己，要教你的是，重新好好愛自己，而不是要教你清楚他不愛你，那是因為你不愛自己，所以會覺得他不愛你，你真的需要他愛妳嗎？

他離開你的時候，心不在的時候，你就不再需要他愛你了，真會希望他死嗎？離婚罪不至死吧，他要在你心中存活多久，由你的心來決定，認真準備去迎接真心愛你的人吧。

5-6、我是不是你的唯一？男女朋友的迷思

有時候做些突破，雖然很刺激，但也開闊了生命經驗。

戀愛是一場沒有準則，沒有裁判，沒有客觀評斷能力，實力堅強不一定贏，能力條件不好不一定輸的比賽，因為輸贏取決於「裁判者」主觀的認定，它可能是一場拳擊的單打獨鬥，也可能是一場籃球員對一個田競選手的比賽（朋友起鬨幫忙），也可能是一支棒球隊對上相撲選手（會有親友團助陣），單純又複雜，男女朋友交往是沒什麼法律約束力的，只有道德標準跟用自我約束來克制的，互相是不是對方的唯一，其實看雙方能接受對方的程度到哪裡而已，如果真的愛一個人，就不會去計較對方交往過多少個，我就是要追到你，對方如果真的愛你，他也不會想要多交幾個的，所以很多都是用嘴巴愛，心理則沒有，這就是紅塵男女。

話說回來，單一／專屬，只是觀念上的問題，觀念調整了，世界就改觀，如果你本身不夠魅力，不夠吸引力，又如何要對方只跟妳一個交往，你沒辦法滿足他啊；如果你吸引力夠強，你也夠好，對方想要留住你都來不及，就算你

要他去多交幾個，對方也不一定肯，因為他會擔心失去最好的哪一個，妳是他眼中最好的那一個嗎？

交往是抓她的心，不要想抓他的人，想抓人會忘了「心的歸屬」才是最重要，如果你夠能力，夠魅力，又何必怕競爭，自然界的傳衍下一代，也是競爭的結果，也是優生的結果，從來沒有人規定男女朋友只能單一，世界各地民俗風情不同，也有容許多夫多妻的，一夫多妻跟共妻或共夫的也有，不要先自己把它侷限了，這要讓你學習什麼？開闊、包容跟持續加強自己的競爭能力，跟比賽一樣，妳敢上場跟人家比賽嗎？在還沒跑冠軍之前，你能叫誰退出比賽，即使就像臺灣之光王建民、陳偉殷上場投球，也不一定就贏。

但要比賽就是要敢去面對，敢上場。面對競爭／面對結果，加強對過程及對結果的處理能力，敢去要，也要敢放下，一次一次去接受，勝利才會到來，你也不能一直要求只跟比你弱的對手打吧，而是只要是對手，你就必須上場比賽，但你要成為冠軍之前，妳就是要面對各種的挑戰與競爭。

男女朋友交往也只是競爭的一個過程，競爭過後，真正適合的冠軍才會產生，你又何必在競爭的過程中設下不平等條款，要求對方只能認識你，至於男女交往有單純的友情嗎？應該只是自我管控的問題，關鍵時刻堅持認知點，又或許特殊的環境跟時空背景使得必須如此，但我想：「愛」跟「尊重」是維持單純友誼的必要條件，那你會說有「愛」了怎可能單純，說你單純你就單純，有「愛」才會為對方考慮，才會尊重，才會維持並避免傷害對方的情況發生，但是在外人眼光看來，難免總有許多質疑。

你的「愛」是「性」還是「愛」，即使「性」對象單一也不見得有愛，所以你應該要求對方愛你，而不是要求對方，性關係「單一或專屬」，要求對方愛你，你應該怎樣要要求自己，反求諸己是很關鍵的問題，有人說得出「蓋棉被純聊天」這種話，就應該是有人做過這種事，這個我絕對相信，但我相信這種事可以也可能存在，並不表示我單純到認為每個人都做得到，畢竟生理衝動是很自然的反應。

所以男女交往要怎麼做，很好的女人跟你在一起，你會尊重她嗎？想把握她的時候，你要會尊重但也要會敢去要求，所以事情是一體多面的，包括男女朋友是，親情也是。

要求你是對方的唯一，倒不如創造自己的價值，讓對方只想跟你唯一，相對的，你準備好讓對方也是你的唯一嗎？

附記：二〇〇六年的修靈感情記事

情感像一艘船，尋找可以停泊的
適合且願意接納的港灣
一次一次的輕觸
只是期盼接收心中的應答
或許臨港靜待，或許迢迢遠望
等待的是你燈塔的光，等待的是你的回望
如果你是我的港灣，請你領航
若否，只有持續在海上巡航
享受海的聲光

有一個大學同學，他爸爸是台中港的領航員，那時候很好奇，什麼是「領航員」，一般我們只知道，台中港容易淤砂，想說這麼大的商港，不是直接將船駛入就行嗎？原來海雖廣闊，海水底下仍是危機重重，即使平靜如台中港亦是，「領航員」是港口的基本配置，熟悉港灣內外的海象地形的人，負責到外海引導大型商船進入港口，避免走錯水道導致擱淺觸礁的引導人員。

這幾年，感情像走過荊棘沼澤，後來又好似在沙漠中踽踽獨行，總期盼綠洲那一點綠，也好像是在海上，期盼孤島的山影，亦或礁岩上的燈塔，隱隱那盞微弱的光，若你是，就在芸芸生眾中，讓我一眼就能夠望見你，伸出你的手，鼓舞牽引我。

5-7、真愛需要比較嗎？我是不是你的唯一——再一章

部落格格友對「唯一」一文的回應：

真愛是否需要比較？有比較之後的愛是真愛嗎？

以下是對部落格朋友的回覆：

我在想，是否真的是「男女有別」，女生比較相信「一見鍾情」式的愛情，相信緣份，但是「緣份真的是緣份」嗎？

很多時候，「緣份」只是一個說服自己接受不是很想接受的人的一個理由的名詞，重點是在「接受」，愛是沒有是非對錯的，不愛了也是沒有是非對錯，就是一種感覺，那個感覺還在不在而已，所以在一起不用問，你愛我什麼？分手了也不用問原因和理由，每個人都有自己心中的尺度。

「感覺」是個很玄的東西，每個人都有成形的觀念存在，就是所謂「主觀」，那是從小接受的環境教育養成，觀念是會調整改變的，改不改變、調不調整都在一己心中決定，只要自己過得愉快沒有窒礙難行之處就好。

有關是不是唯一在跟格友閒談，是不是跟你的概念不一樣對吧？那天在你

格板上看過以後已經知道，一對一是人為的道德要求，並不是自然的道理，很多動物天生有一對一的設定（如雁……），但人的自然設定是沒有一對一的，而是教育出來的，也是互相要求來的，愛是沒有是非對錯的。所以像你講的，真愛應該是會包容對方的一些不完美才對，但前提是：他的完美跟符合需求的程度要大於不完美，也就是要在不完美是可以被忽略或被掩蓋的情況下（說包容比較好聽），那是在愛了以後才出現的現象，所以很多逃犯也會有人愛，因為他的行為或人格特質剛好符合或彌補那人的需求或缺憾，沒有比較那來的真愛，那閉著眼睛碰到一個人，就說那是緣份，你必須愛他，你愛的下去嗎？這也是你心中接納對象所設立的標準，也是你要付出愛的條件，愛絕對是有條件的，只是你不自覺。

至於比較有很多型式，不必一定比較客觀條件優劣，而是比較「適合」的程度，或是「喜愛」的程度，愛一個人，生活習慣、觀念都不相同，能愛多久，真愛應該是深切了解了自己的需求跟對方的需求，是否相容？是否你們都覺得可以一起生活？而不是你單方面很愛很愛，卻不管對方感受的，那不叫愛的，那是你自己對自己需求的投射而已，不要聽信一些人大言不慚的說話，以為真愛就是要犧牲、要奉獻，可以為他調整，要為他改變，喔！喔！喔！除非他自己樂意去調整，否則很難要求得到，你也只能為自己改變而已。

如果生活生命中都沒有自己，你的愛怎樣出來，先有自己才有自己的愛，有能力先愛自己才有能力愛別人，否則只有在得不到對方善意回應時抱怨而已，不要狹隘侷限在兩個人是否單一，而是互相感受。沒有比較，只會是愚昧的自我認為，而還沒辦法確定對方是否是真命天子，就瘋狂執著的要付出和要求忠心，那是盲目的心理約束，沒有比較，就不知道真愛，除非你們真的心有靈犀，互相肯定，但也不要認為愛了就能持久，後續的生活經營才是重點。

5-8、這樣的愛情能結婚嗎？

生物繁衍是不關禮教的，自然界就是這樣演化著，人也是一樣，只是制定了禮教，就像有人訂規則了，就會有人違反規則一樣，所以要能對事物開闊接受，開心處理。

這是部落格朋友提出來的問題，自己也覺得蠻有趣的，就提供了一些自己的意見探討。

事情是她跟她男朋友同居兩年，炒飯（做愛）不到20次，對方卻要求要結婚，她在猶疑不決，本來炒飯這檔事足不足夠，是如人飲水的問題，每個人需求是不同的，但會提出來，表示她已經認為它是一個存在的問題了，是不符合需求的，因為對一個你都不在意的問題，你會去提出來嗎？會提出來表示在意了。

就像你男朋友一直告訴你：你太重了，而當你問他，你很在意我的體重嗎？他回答你：不會啊，很好啊，我會告訴你，不會才有鬼啦。

很多事情我們都會在問題的表面打轉，如果你回到問題的核心，根本就覺得不是什麼問題了，所以我們將事情回到原點，以下給她的建議回答，不必定是理想中的解答，也是自己紀錄一下想法：

你到底有沒有問他，為什麼想跟妳結婚？只是習慣跟你相處的關係而已嗎？結婚又不炒飯那他要結婚的意義在哪裡？真的只是心裡很愛妳想照顧妳嗎？那不喜歡炒飯，你很在意嗎？會提出來一定是在意了啦，怎麼辦？

根本解決之道，就是再找一個愛你也喜歡跟你炒飯的人，不大可能因為「結婚」這件事會去改變什麼事情的，如果你也都以結婚為前題提出問題，他還是不願意去處理，那你要慎重考慮的不是身體生理問題，問自己一下，了解他平常炒飯的生理現象，如果都在你可以接受的範圍內完成，那生理應該是沒什麼問題的，可能他自己也清楚，因為這不是孕不孕的問題，很好判斷。所以心理問題才是重點，為什麼不喜歡炒飯？你的問題嗎？還是你的態度的問題？他的問題在哪裡？對炒飯這檔事的障礙在哪裡？炒飯是基本生理需求，雖然不是婚姻生活中的唯一，卻是很重要的一環，房事不調和也是很多夫婦離婚的原因，如果你已經在意，建議你不要輕易嘗試結婚。

現在這種男女朋友同居關係也很單純，你覺得受不了時，要走就走，拍拍手說拜拜，沒什麼障礙，一旦結了婚要走，抱歉，一關一關來，還不一定走得了，告訴他，你很在意，如果他仍不在意，建議你現在可以走人了，結了婚以後要走人就困難重重，不然結婚以後覺得不足再去偷吃嗎？何苦啊？何必自找麻煩呢？

因為這種問題不是你自己一個人就可以解決的，愛你會重視你的感覺，會很樂意跟你一起解決問題，不要口口聲聲說愛你，你就信了，動作要一起做出來才算。

當然會有一些肉體上不一定滿足，但精神上互相支持的婚姻，問題是：精神層面修養足夠的人幾希啊，生理需求又是那麼直截了當的事，所以千萬不要在事先唱高調，要認真考慮現實面，不然以後就得生活在理想的想像世界，有苦叫不出，女人的青春有限，不要浪費在等待上。

5-9、牽手—說一下事件本身是中立的

「牽手」，很簡單的動作，很深的學問。

朋友跟我說，牽手哪有什麼，是啊，牽手哪算什麼？

喂—亂講話，很多男女朋友交往都是從牽手開始的咧。牽手代表什麼，牽手代表一方願意摭拾，一方願意交付。交往認識開始到牽手是最困難的一段，彼此在認識也在嘗試，等待牽手適當的時機，牽手也是肢體接觸的起始，是親

密關係的開始，因為「心手相連」，所以一方處心積慮的想去牽起對方的手，為的就是建立親密的信任關係，詩經上直書：「執子之手，與子偕老」，河洛語上老婆也謂之「牽手」，就也有詩經的味道，是雙方願意相互託付，相互扶持，直到終老，所以，牽手能算什麼？牽手很重要的。

台語的「牽手」是指妻子？還是配偶？先生可以稱「牽手」嗎？網路故事：

阿忠是個台語很菜的同事。有天，另個同事的太太來訪，阿忠問：這位漂亮的小姐是誰？

同事回答：我的「牽手」。

小蔣低聲問我：「牽手」是什麼？

我答：是「妻子」的意思，國語叫做「牽手」。

小蔣自言自語「台語真有意思」。

下次小蔣看到同事的妻子再度出現在會客室，很興奮的告訴對方說：

我知道妳來找妳的「牽手」，我去叫他。

我在一旁聽到愣住了，原來他誤會了我上次的意思。

他把「牽手」誤會成配偶/另一半的意思。

本來想糾正他，但心想「牽手」也未嘗不可代表「先生」的意思。

其實何嘗不是如此，牽手是互相牽手，自己一個人怎麼牽，字面應該「牽手」是中立的，字義本身應該是雙方通用的，夫妻本來就應該是相互扶持，所以牽手是互相的，但是語言文字這種「溝通工具」，它的使用很多成因是因為「約定俗成」，就是普遍認定是這樣子，大家都可以了解，那就是了，所以牽手指先生也可以，只是大家都認定是「妻子」的別稱，如此而已。

就像「罄竹難書」，難道好事做到把竹仔籤用完都寫不完難道不行嗎？其實也是可以的，只是它的起源跟用法都是做負面解釋，大家也都如此認定了，而前總統阿扁先生的說法跟大眾認定的說法相背離而已，違反世俗約定的使用方式所以會被撻伐，原因在此。

本來，不只字面字義，很多事件本身都是中立的，因為人的好惡造成主觀認定，所以就會有好壞之分，但是好壞的定義在哪裡？只是「公序良俗」的標準罷了，自己的想法看法一定是對或錯、好或壞嗎？其實好壞對錯標準都隨著時間改變，所謂的「時移勢遷」，標準會有所不同，以「離婚」這件是來說，三十年前離婚，女人會覺得抬不起頭的，不敢說離婚，千錯萬錯都是女人的錯。而現在，女人主動提離婚，男人不行就把他休了，「戶怕戶」（誰怕誰）啊。

所以捏，當你下回遇到不平的事時，請先控制怒氣，靜下心來，先以「中間」的角度思考一下，你就可以接受很多發生的事了，問題是，開闊接受跟包容也是需要訓練的，你願意接受相反意見嗎？接受不是你照著他的方式做，而是不反對他照他的方式做就行了，接受他有他做事的方式，尊重他用他個人的方式處理他自己的事。這也是修行很重要的一步，跳脫自己原來的價值判斷，先以中立立場看待，再評估自己要如何反應對待，所有事情都是中性的，正負面評價或應對取決於自己內心的反應。

5-10、這樣的感情，該不該放棄？

遇到這樣的問題，你如何抉擇？

朋友的訴說：

原先我的老公（未婚夫）是個責任感很重的人，前陣子老公又與以前交的幾個朋友逗在一起，不是單身漢到處玩，到處睡，就是有老婆還有一堆女朋友之類的朋友，「人生只來一遭我要盡情享樂過我要的生活」，是他現在新奉行的人生觀，已訂婚的身分，對他來說，已成為他追求他想過的日子的阻礙，他急於掙脫加諸在他身上的道德枷鎖，生活的目標是享樂，他現在發現自己訂婚的太早，他還沒有玩夠沒有戀愛夠，他要和好女生好好談戀愛，而好女生是不會和已訂婚男人交往的，為了這許多他幻想的美好單身生活，他可以捨棄現有的溫暖家庭生活，沒有眷戀，但是他樂意去嘗試，在和一個虛幻的夢想相較，他可以這麼輕鬆樂意的捨去，我真的不能了解他的想法，老公是獨子，長期處在順境裡的人，要什麼有什麼，所有的條件也都很好，大概是得到的太容易，所以不知失去的痛苦，也不會欣賞感動家人的付出。

我說：你不用問我會不會原諒你，因為我從頭到尾就只想到：完了，你和我的父母會難過，怎麼成全你和將他們的遺憾降到最低的問題，婚姻是信任和責任，信任彼此有讓對方幸福的能力，有照顧對方的責任，事已至此，你自己想清楚就好了。

我想問的是，他會不會醒來，我該堅持的下去嗎？婚期是明年的一月六日。

——

其實這位朋友，算是頭腦清晰的，但是往往在下決定的時候，還需要人家推一把，這是多數人的個性，因此給了她以下的建議：

先問你喔，你是要給他機會也要給自己機會？趁現在還來得及，先將婚禮「延期」，要等他清醒，也要在自由之身的狀況下，這樣比較好「抽退」，結了婚，他又點不醒的話你將如何？所以你想「給他機會」之前，先給自己一個機會，不是放不放棄的問題，趕快講明，婚禮延期，人都會變，尤其遇到壞朋友，變得更快，你可以歸類他現在是「叛逆期」，願意給他機會，是你存心仁厚，問題是目前他沒辦法感受，雖然你跟準公婆相處得還不錯，但是搞清楚，你不是跟你準公婆結婚，以後要一起生活的是他們的「獨子」，或許他真的認為他還沒玩夠，你可以接受，但你不一定要讓他這樣「玩」你，不然你可能有好幾年流淚的日子可過，因為你現在已經清楚問題所在，而且我可以跟你保證「結了婚，你的忍受力會更差」，因為你不會希望你老公是這個樣，你越想糾正，抗力會越大，忍受度會越低，或許他會醒來，但你有辦法堅持到那一天嗎？

你算是頭腦蠻清晰的，也知道癥結的所在，只是你還在遲疑，現在不是討論那個男人混不混蛋，他的狗友怎樣的時候，現在是給你魄力當機立斷的時候，該緩該退的趕快處理，不要以為結了婚他會改變，你是要等他改變了再結婚才對，沒有讓他嘗試一些失敗痛苦是醒不來的，不要在意婚禮延期人家會怎樣看怎樣想，那都不關別人的事，重要得是你的幸福未來。

既然他要體驗人生，建議你放他自由去吧，不要把這種教育獨子責任往身上扛，你做到仁至義盡就好，但千萬不要賠上自己的青春，你可以常回來看你的無緣公婆，但不要跳進去一起痛苦。

馬上做決定，時間緊迫了，給你讚聲，婚禮延期，甚至先解婚約，等他醒了，有緣再來。

5-11、該怎麼分手？我不想傷害他

花盛開就是它的美，生命歷程有時而盡，猶如感情，經歷過了瞭解了，就順天應時尊重人，一切的一切就自然放下而已，何需用力。

部落格朋友的問題，提問者的內容很值得省思，尤其是戀愛中或即將戀愛的人，思考咀嚼一下，不要太用力，太用力就體會不到她的感覺及含意了。以下：

對他，只是喜歡而已，還不到愛，我現在想跟他分手，因為我不想騙他，我也不想騙自己的感覺，我不想對一個我不愛的人說我愛你，但他又對我很好，我真的不知道該怎跟他說分手，我不想傷害他，也不想騙他。他對我越好我壓力越大，越不知道該怎跟他說分手，他之前也說過，如果我愛上別人，他會讓我走，（我相信大部分的男人都會這樣講），我該拿這句話當擋箭牌？畢竟我是真的愛上別人。現在終於懂「愛需要人陪，不是誓言就能解決」，也許我很笨，放棄被愛被呵護的感覺，只為了換愛別人的權利，但是我真的不想在這樣繼續下去，我很痛苦，我不想騙他。

他是個很好很好的人，我自己卻這麼幼稚又這麼爛，當初跟他交往是因為我失戀，心裡空虛，我寧願他先跟我提分手，也不願傷害他，人真的是不經一事不長一智。

我現在學到，交男友時不能抱著試試看的心態，這樣對雙方都是種傷害。

——

其實提問者的心態相當成熟，但是知道跟做到卻是兩碼子事，不知道是否有人深切去領悟：無情是乃真有情，看似有情卻無情。

不想傷害他，那就沒有分手的辦法了，情感的事再怎麼處理，都會有傷害，只是輕重的問題，你只能選擇一個傷害較輕的方式，這世上要找一個分手而沒有任何傷害的事件恐怕是找不到，要讓它不受傷害，只有一個辦法，就是「讓他跟你提分手」，（但就怕到時候換你落寞和心傷了），就是你現在這種感覺，已經對他沒有感覺，也沒有愛了，所以會提分手不會有悲傷，只要他還對你抱持一份期待或是一些關懷，那肯定是不可能完好無傷的，但你願意耗這麼長的時間去等嗎？你有時間跟智慧去製造這種氛圍嗎？即使你努力想要讓他對你沒感覺還可以不露聲色，漸漸疏遠，最終你還是會沒辦法去確認是不是可以了，它可以接受了，不會難過了，以你提的他目前的狀況，我看是很難，還好一點是你們相隔兩地且距離遙遠，你只要開始疏遠他，連一些禮物都給它退回，短期間還不會產生困擾，個人覺得，你不是需要不傷害他的方式，（你還會考慮到他的感覺，你確認自己不愛他了嗎？還是只是不喜歡這種遠距戀愛而已？還是認為已經傷害他一次了，不想再一次），而是要「確認自己是不是要放手」，認定該放手了，再來就是選擇要速戰速決亦或打長久戰，最不傷害他的方式應該是「直截了當」。

好像很無情後，現在的無情，才是真正對他有情有義，其實感情的痛苦只在兩個階段：

1.考慮接不接受及要不要放手時候：

像你，會覺得比較辛苦的應該是在決定要不要放手的時候，而對方則是：要不要接受你的決定的徬徨猶豫時期，其實當你決定了以後，這些抉擇的痛苦就不見了。

2.都定案了以後的適應期：

也就是調適的時間，去認知事情就是這樣了，慢慢化淡原有的感情或感覺，感情通常是被放動者會比較受傷，不管是被動去接受一段感情，或被動去離開一段感情都一樣。

所以如果你要把事情定案拖的時間越長，你的煩躁期越長，對方的痛苦期也越長，所以你若不要讓這事情煩著你，也要讓對方痛苦降到最低，唯有明確告訴他「結束了」，一切結束了。

切記！你是要告訴他結束你們之間的關係，而不是讓他去考慮接不接受，雖然他一樣會考慮接不接受，但他唯有接受你這樣的決定，才是降低他傷害程度最好的方式，千萬不能讓他考慮要不要接受喔。

是要他接受讓他去調適事情已經如此，否則傷害只有更深。再來你已經有新的愛人了，舊男友你不分手，變成新愛人是你的痛苦，要不要繼續也是抉擇，不要最後變成三個人的痛苦。

5-12、愛人跟被愛哪個幸福呢？

有的夫妻情侶打打鬧鬧是一種幸福，有的夫妻情侶打打鬧鬧是一種痛苦，當事人的感受才是真實，外人看不出端倪，也無從感受別人的幸福，之前一個朋友就提到同樣的問題，稍微跟他討論了一下，在部落格又有朋友提出，所以就認真提一下自己的認識和看法。

看不到問題的核心真相是正常人，理解總是比較難，表相還是比較容易被人看到和了解，但只看表象很難去解決問題，不要說解決問題啦，說讓自己放下問題自在些。

幸福是一種很主觀的個人感受問題，「愛」與「被愛」都是單純的行為事情，本身並沒有所謂的幸福與否的被判斷條件，必須要參酌存在週邊的客觀事實，加上「施與受」雙方當時的的主觀心情因素而定，所以討論「愛與被愛」哪個比較幸福，跟討論「愛與被愛」哪個比較痛苦是一樣的意思。

你說「被愛」比較幸福嗎？那是你也愛對方的情況下是如此，如果一個你很討厭的人很愛你，處處為你設想，幫你做任何你想做的事，請問會有幸福的感覺嗎？可能嫌煩或厭惡的成分比較多吧，像蒼蠅一樣？（千萬不要罵跟著你的人像蒼蠅一樣喔？因為蒼蠅跟的東西通常都不怎麼樣，還很怎麼樣咧，要說跟蜜蜂一樣，知否？）

你說「愛人」比較幸福嗎？問題是苦追不上，對方悍然拒絕，又或者追上了，卻一直要調整自己去配合對方，又調得很辛苦，你保證哪天不會毅然放棄嗎？即使你可以接受卻而周邊的人的觀感卻讓你很不舒服，你覺得會愛的幸福嗎？

所以還是要先界定「幸福」的定義，無怨無悔的付出，你覺得傻，不值得，還是幸福？被愛如牢籠，以愛你的大帽子，控制（太嚴重了，說關心過度好了）你的行動，你覺得被監管，是有壓力，還是幸福？旁人看的看不下去了，當事人卻甘之如飴，沉浸於其中，你能說他不幸福嗎？你說他感情被騙了，為什麼他（她）不覺得？也甘於付出或接受，那為什麼一陣子以後，對方冷落了，他（她）才會感覺是受騙呢？你能說他接受的那個時期他不幸福嗎？我想很難，所以幸福也是分時期的，也看週遭環境的變化影響到心情跟著變化的。

那幸福到底是什麼？我想是一個人對當時所處狀態的滿足而已。

達到那個滿足點他就覺得好幸福，當降到那個滿足點以下時，幸福的感覺就消失，取而代之的可能是痛苦或者只是平平淡淡的感受而已，所以愛與被愛幸福與否都是根據情境而有所改變的，感覺幸福這段時期是蜜月期（不管愛或被愛），兩個人可能都感到幸福，漸漸的溝通出現狀況，沒辦法順心如意的人可能就會痛苦，幸福的感覺就會消失，甚至可能沒幸福感覺了就會分手。而滿足點其實也因人而異，被愛的人有人因情人送了一束玫瑰，他就有幸福的感覺了，有的人可能需要「鑽戒」，或是出遊才有被疼愛的幸福感覺，而愛人的人，他能力只能送一束花，但對方卻要求一條金手鍊，我看那就很累了，哪來幸福的感覺啊，但是對於有能力送一顆鑽戒的人，他就覺得很幸福了，雖然幸福的感覺不全然在物質上表現，但是得到的是心理的滿足，因為對方得滿足點在他能力之下，他可以輕鬆裕如，他認為對方在替它著想，那是不是就更會有幸福的感覺？

所以愛與被愛只是「去愛」跟「被愛」的行為而已，當雙方都有共識和能力可以匹配，感覺也都對的時後才會有幸福的感覺，單只有一方感覺到滿足而已的狀況時，幸福很容易會質變的，因為雙方的不對等會導致心理上的質變，所以不是去探討「愛與被愛」誰幸福？而是要探討怎樣得到幸福，在愛的路上，「降低滿足點」達到雙方平衡，不要讓你的幸福成為對方的負擔，這樣才會有長遠真幸福。又或者你是專門製造對方負擔，創造自己幸福（利益點）的人，以此為業者，又另當別論了，那不叫愛或被愛，那叫做「職業愛情」。

第陸章：昨夜堪驚——水窮處看雲起時

6-1、讓緣份做個好理由

從來沒有人知道為什麼會做兄弟姊妹，為什麼會做夫妻，為什麼會做親戚朋友，除非有特殊能力會通靈，不然大都就推給「緣份」最省事了，但同樣是緣份，為什麼有人會珍惜，有人卻是不惜去傷害，想來「緣份」也只是一個中性名詞，不代表任何好壞美醜，好壞善惡取決於人的作為，男女感情的事，有些很難解釋，一個美女跟著一個通緝犯，一個帥哥跟一個長相比較抱歉的女生；登對的男女有時也無法白髮到老，有的夫妻一輩子在拌嘴，感情卻老而彌堅；你喜歡的人卻愛上了別人，你想逃離的人卻偏偏死心蹋地想跟著你；熱戀時難分難捨，一旦反目卻又惡語相向；有的情侶，家人越是反對在一起，越是黏的緊，不顧任何人反對；有的夫妻常拳腳相向，旁邊的人每回擔心，認為不會久長，偏偏他們習以為常，床頭打床尾和，也是一輩子夫妻；有的夫妻在一起沒多久就分手，有的五年，十年，二十年……五十年，為什麼差別會這麼大？

男女朋友也是一樣，你覺得很合得來的，想法觀點相似的，卻不一定做得成夫妻，這也是很玄，可以用心理學去分析嗎？應該可以，但是只能分析他們的現象，我想應該很難得到一定的原因，因為五花八門，常在一個「感覺」而已，在一起的感覺，相處的感覺。

人在找對象，常常看到的是一個「互補」的現象，就是尋找失去的另一半，也是自己欠缺的另一半，而不是尋找與自己相同（重疊）的另一半，因為那還是一個無法完整的圓，其實這都是一個憧憬，每個人都會在自己心中描繪另一半的影像，那是在心理成型的，就是一個設定好的條件，要說也無法說完整，但是遇到時，那個影像會很明確，那個感覺也會很深刻，但是要說你為什麼會喜歡，為什麼會厭惡，為什麼當初愛得要死，現在卻有無限憎恨。同樣一個人，感覺、喜愛、厭惡會隨時間而改變？

因為人一直在變，你在變，對方也在變，地球跟月球跟太陽系宇宙，自轉公轉無時無刻隨時進行，每一秒每一分都是變動的，人也是，但對於這種吸引與排斥卻無法去解釋，但人卻創造了一個很好的名詞，叫做「緣份」，所有一切解釋不了的人際關係，分分合合，開始結束，一律歸之於「緣份」，是一種喜悅也是一種無力感。

說起「緣份」，好像你懂我懂他懂大家都懂，所以沒人會再去問你為什麼?就因為緣份，合也緣份，不合也緣份，在一起是緣份，分手也是緣份，真是一個好理由也是一好藉口。

說穿了是一個「變」，變了，時間點變了，角度變了，看法觀點變了，說穿了是心理的滿足點變了，說穿了只是「接受」與「不接受」的問題。你接受了就是「有緣」，你不接受就是「無緣」，但每一段感情經歷就像是登山，每一次經歷就是一次成長，成長就如登山往上爬，站的越高看得越遠，接受度也越高，包容度也提升，緣份也越寬廣，對緣份的來去也越清楚，清楚就不會侷限，痛苦度就會降低。

相反的爬山怕累就會往下走，越往下看的視野就越低，在同一個平面就如在迷宮，會受限設限越多，受限多緣份就越窄，越無法接受，對緣份也就越不清楚，只有不清楚才會恐懼，恐懼了就很難留住緣份，那就讓緣份作為一個好理由或好藉口吧。

讓分合都是喜悅良善的結果，有些事情不必經歷就要成長，聰明的人先從別人的經驗學到知識，在經歷的時候咀嚼吸收，變成智慧，使用「緣份」一詞的機率會變低，因為對事情來龍去脈清清楚楚，所以就不需要用到緣份來解釋。

6-2、我該去了解他的過去嗎？

很多事情經過了以後會忘記，很多人久沒見面也會模糊淡忘，但畢竟留下一些記憶，在不經意中重新又浮現，是人生的印記刻痕，看似平淡無事，卻有痕跡。

「信任」不是只有嘴吧講講或是眼睛睛看看而已，要能夠真正把心放下，如果有所懷疑，一定要去釋疑，才能真正的信任，

這是朋友的問題，有感而發的回答了。

朋友問道：

我和我男友交往了半年，他是媽媽介紹的，因他工作認真，他對我也很

好，因每次回家，他知道我不會下廚，他就做飯菜給我吃，他對我的家人也是照顧的無微不至，爸媽都很喜歡他：且我不會的，他都會很體貼的把事情弄完，還一邊教我，不會！他還是會再細心的教，可是在交往的這期間，他變的好奇怪，每次有話說到一半卻又將話吞回去，我逼問他時，他說想帶我回家見見他的家人，我覺得這並沒有不好啊！他最後才說出真實的實情，他離過婚，有一個孩子。回到他的家鄉，因我個人吃飯時間和大家不一樣，其實我家人也很討厭我這樣，但他還是會在我用餐時間，下廚給我吃，而他的家人彷彿見怪不怪很正常一般（指他的行為），之前我不想對他的過去過問什麼，這半年的相處，他的習性我都可以清楚的去了解，他真的是一位負責任的溫柔好男人，現在隨著在一起相處的時間越來越久，我發現我開始去想了解他的過去及婚姻上的失敗，像這樣的男人，怎麼還會失敗，我不懂？像他這樣的男子，我該去了解他的過去嗎。

畢竟，我想保護好自己，還是什麼都別說，自己去觀察他的一切！

以下是個人看法也是發問者認同的解答：

該不該去了解他的過去？這要看你要去了解的心態是什麼？如果你覺得他

有可能成為你的另一半，你又起了好奇心，那我覺得你應該要去了解清楚，因為每個人接受對方的狀況跟程度都不一樣，對於一些狀況的看法及價值觀也不盡相同，你現在知道的都是他對你的好，但是他以前為什麼發生這些事，這些原因你是否能接受？是一個未知數，而誰也不敢保證這些原因能一直隱藏的很好，不被你發現，雖然這原因可能你能接受，也可能你不能接受，但是因為婚姻生活要有一輩子的打算（雖然離婚率這麼高，但最好是結婚了能不離婚就不要離婚）。在你父母都認同而你自己也都認同他的狀況下，很有可能你們會進行到結婚這一步，所以不要帶著疑問與猜測走進禮堂，問清楚事情的原委，用一種關心與打算共同生活的誠意去了解。如果他也感受到這種誠意，應該會據實以告，不管好壞，讓你有接受的時間，你確認可以接受這些原因了，才再進行下一步，勉強接受會為以後生活帶來麻煩，現在不忍戳開，以後你會更無情地離開，所以也要請對方據實以告，謊話總有戳破的時候，隱瞞也會有瞞不住的時候，只要原因可以接受就好，不能接受的話，也不要變成「一個褪色的過去，影響你們的未來」。

如果你們關係只是還好，也是要了解一下，但不要用挖隱私的心態，要用準備一起生活和關心的心態，就像你的生活習慣，也要盡量讓他了解，應該調整的就調整，難調整的就要看他能接受的程度，不要勉強在一起。

像我自己，當初曾經問我前妻是否跟她老闆在一起過，騙說沒有，可知這是決定要不要交往或結婚的重要關鍵，後來整理文件，無意中看到她們往來的信件，才知道騙我，但已經懷孕了，不得已結婚，結果這件事一直影響到我們的相處，最後還是以離婚收場。其實做過的事情很難瞞得住的，雙方要開誠佈公，讓互相都有思考的空間，很多事情很難放下，除非在你心甘情願的狀況下，所以建議你開誠佈公的跟他一起了解他的過去，可以接受就接受，不能接受也要明講，包括你還有他的過去，要互相了解接受，會讓你們的未來更幸福。

6-3、再生家庭—再婚；兩個家庭的結合，會有什麼問題呢？

所有的路也都嘛會有叉路，叉路又會合了要怎麼走？還不簡單，就順著路直直走，只要不跌倒就好了，放輕鬆，照著路走。

一個家庭拆散了，各自還得過下去，兩個三分之二家庭合成一個「再生家庭」，要怎麼過？其實就看一般一家人怎麼過就是怎麼過囉。

這是朋友的疑惑，以目前社會狀態，我想也是很多人的疑惑？以兩個都是離過婚有小孩的人，如果合成一個家庭，會有什麼困難呢？對小孩會有什麼影響呢？只是提供一個思考方式做參考：

通常大家都會想後續會產生的問題，但很少從問題的源頭去思考，如果從源頭處理好，結果要衍生問題也是很難，通常我們的想法都很單一，這是民族性的問題，受儒家思想影響甚深的國人很重視「家庭的倫理與結構完整性」，因為我們從小的教育就是儒家的家庭倫理道德，既然在一個家了，就是一家人，就是爸爸、媽媽，我們都太侷限在這個稱謂，所謂的「正名」以及應有的「地位」，以至於不會去想到根本上其實是「相處」以及「尊重」的問題。

尤其是小朋友，大家都想說，小朋友還小懂什麼？所以很多事情都不會請小朋友參與討論，這就是忽略了「尊重小朋友的意見」，小孩能領略的比你想像的多更多，因為他們才是新組家庭穩定的核心，也是問題的來源，所以不是討論對小朋友有什麼影響？而是怎樣讓小朋友接受？

一個新的家庭，你不能大人想結婚就結婚了，然後要小朋友硬生生的接受這個事實，這就糟了個糕了，如果大人都沒辦法理性耐心去處理了，如何讓小朋友接受呢？

所以首先：

1.讓小朋友參與過程：

你們的交往到一定程度，有共組家庭長期維持的意願開始，就應該開始讓小朋友參與你們的交往，讓彼此有一段時間的適應期。

2.溝通角色的認同：

與小朋友溝通新進人員的角色，不是取代爸爸或媽媽，而是新的角色，與小朋友協調出一個小朋友願意接受的稱呼，阿姨也好，小媽也好，某爸也行，阿叔也可，做媽媽的工作不一定要正名為媽媽。

3.讓小朋友幫忙解決問題：

通常大人都會幫小朋友做決定，而忽略了小朋友的意願，現在必須反過來，大人提出憂慮的問題，請小朋友提供答案及他們願意接受的方式，例如：房間分配的問題，小朋友之間稱謂的問題……等等？

4.耐心的等待時機成熟：

大人要有耐心等待小朋友的接受，既然相愛有困難須先克服，不會差那個一年兩年，不要先結婚再來解決問題。

這是個人經驗，基本上大人還是會有偏袒自己生的小孩的心態，會自然而然的產生對待上的差異，這個也需要自我調整，其實只要大人以平常心看待，小朋友也會相同的對應，你越用力要去調整，反而會有更大的抗力，所以不必擔心會有什麼困難，而是事先做好預防準備工作。

我從剛離婚小朋友不願意我交女朋友或再娶或找外傭幫忙照顧，（這些我都直接跟小朋友做溝通，問他們的意見，他們給我的答案是「不要」，這是剛離婚一～二年的情形，其實也是忙到沒時間去想這檔子事）。

到後來小朋友稍長大，自然就能接受我交女朋友，並與阿姨相處的都不錯，當然這也要阿姨有足夠耐心來對他們的關心，（後來因病往生）。再之後因辦理這位女友往生事宜，與打坐同修很快結婚，結果小朋友不但很詫異與不能理解，到頭來還得閃電離婚，結束一場戲外戲。

所以有些事就是不能急，而且溝通誠意及開闊的心態很重要，溝通是要沒有預設立場的，讓小朋友意見提出能調整到能採用且小朋友願意接受才有用，開闊接受小朋友的想法、看法而且「尊重並去做」很重要，慢慢來。

所以再生家庭的問題沒有那麼嚴重，越輕鬆看待會越沒有對立，不要急，建立解決問題的模式和智慧比較重要。

6-4、曾經認識的男生和別人結婚了，現在離婚後回頭找我，我該接受嗎？

有時候覺得女生「心理」很好玩，好像認識了介紹了，心理就認定對方就是她的！也會在同儕之間要求認定，其他人不得逾越妄想，也不管自己是否也相同對待，是否有把自己交給對方？於是開始「過度關心」對方，好像心理要但又行為拒絕，等到失去了，才在嚷嚷「那是我要的」，很好玩的心理，想要又不敢要，又不讓別人要，不敢（或不願）付出，卻又要對方忠心耿耿。

以下是朋友簡要敘述她的狀況：

以前我們認識是由同事介紹的，但其實我們交往都淡淡的，和他出去過幾次，他對我也蠻好的，但常常他約我是沒空的，但不知哪一天，突然他跟別人結婚了，但他不敢告訴我，我也是後來從同事口中得知的，蠻訝異的！後來他離婚了，回頭來找我，雖然我並沒有問他離婚的原因，但我該接受他嗎？

我大嘴巴回答了她，而她也接受了我的建議：

先問你一個問題喔！如果他沒結婚離婚，你會接受他嗎？你接不接受他，是考慮他有沒有結婚離婚過，而不是考慮他人品怎樣？適不適何妳？值不值得接受嗎？就像妳講的，你們的交往都是淡淡的，只出去過幾次，常常他約你你是沒空的，（為什麼沒空？你沒很在意他吧！）

如果以這種情況看，不知道你會期望男生對你抱多大希望，你覺得他應該等你嗎？對一個常常約不到人的女生，投注心力去等嗎？

當然，他同時交往另一個女生他沒告訴你，但依你們淡淡的關係，告訴你不告訴你都一樣尷尬，也沒有必要，因為你沒給人家確定嘛，甚至是拒絕的，又怎能要求人家像對待女朋友一樣對妳，因為妳也沒給人家確切訊息，所以人家只好找其他對象了，只能說：當時「因緣尚未成熟」。

現在，對方再給你一次機會喔，這次機會是他比較過後的選擇？結婚、離婚沒那麼輕鬆啦，你以為他願意嗎？現在再給你一次機會，你接不接受，如果你仍舊淡淡的常常約不到人，我想他終究也是要放棄的，你不是要問結婚離婚後要不要接受嗎？而不是問妳是不是喜不喜歡他？妳覺得他對妳好嗎？你對他有沒有愛的感覺？還是他值不值得一起生活？他可以信賴嗎？妳要問的應該是問這些才對。等妳評估過了，妳覺得可以給自己也給他一個機會，那就表現你的誠意交往看看，多多見面才會更了解，不要再常常約不到人，如果對他沒什麼感覺，其實也不用問了，那對他的結婚、離婚很在意的話，那也明確告訴他，也問清楚原因，這樣才不會浪費彼此時間，要交往也比較不會有芥蒂。

你會提出來問，表示妳還有考慮想要交往，那何不給彼此一個機會，設定一段時間，交往看看再決定不遲，也沒人規定交往就一定要結婚啊，先交往，充分的了解之後再決定吧。

6-5、想嫁給離婚又有小孩的男人，有這麼糟嗎？

我在想，難怪我想找人結婚都這麼困難，原來離婚又帶小孩的男人是票房毒藥。哈哈。

朋友有這個困擾，其實以前也有跟其他朋友提過，再說一說好了。

朋友的情形：我目前單身，年齡也不小了該結婚了，現在有個對象是我同事，他已離婚有二個小孩，前妻還健在，每個知道我和他在交往的人都不看好，還叫我去認識更好的人，因為我的條件還不錯（只不過長得漂亮點又不胖而已，就歸類為條件好嗎？）這讓我覺得很沮喪，我是真的愛他啊！嫁給這種條件的男人就真的那麼糟糕嗎？難道離婚是犯了罪嗎？不能離嗎？

我覺得婚後的雙方如果已經都不想再挽回婚姻了，而導致漸行漸遠而離婚，那應該算雙方都有錯吧？我爸爸是認為男方的兩個小孩不是親生的，跟我會有疏離感，會不親近，這會是個很大的問題嗎？我還不覺得有什麼嚴重性，因為這點我已經有考慮過也擔心過，但！會發生什麼事呢？我是因為他爸爸才會進入他的家庭，當然我也會愛屋及屋，絕不會棄他們於不顧，但只是這樣想，還不行嗎？

如果是你，你會怎樣處理。

因為其中牽涉到另一個朋友親身失敗的案例，所以也一併討論一下原因。

其實這種問題，我們應該要把問題回歸源頭，你為什麼要嫁？要結婚？是因為目前單身，年紀也不小了，該結婚了（都很無奈）所以要嫁嘛？如果是這樣，我建議你先想清楚為什麼要嫁以後，再來討論嫁給離婚有小孩的男人到底好不好？

你想嫁，應該是要找一個可以依靠，可以共同生活，可以互相扶持，可以聊天，可以信賴，而且是愛你的人，然後一起同甘共苦生活，分享生活的酸甜苦辣，還會疼惜你的人，你該問的是這個男人有沒有給你這樣的感覺？如果有，你真的應該要嫁，如果沒有那麼強烈，建議你再等一陣子，不要因為年紀大了還單身就該結婚了；那你自己呢？

你有做好結婚的心理準備嘛？不管好壞都願意跟他一起生活嘛？

其實不是離婚有小孩的男人好不好？而是你準備怎樣跟他們相處？你覺得離婚的男人還願意帶小孩，是不是很負責任的男人嗎？帶小孩是很累的，很多人離婚小孩是都給母親（女方）去養，男人自己跑去消遙了，那這樣負責任的男人你還不要嘛？

其實問題重點在於你要怎樣去跟他們相處啊？

小孩方面呢？你不必想去做他們的後母啦，會出問題都在這裡，要地位跟名份，我是家裡的女主人，我就是後母繼母的，請問：

1.誰教你做後母繼母的，你可以跟小孩當朋友，當阿姨，跟小朋友溝通如何互相稱呼，母親的地位是沒辦法替代的，所以你不要想說去做他們的母親，這樣就少了「衝突點」。

2.不要想管小孩，把小孩當大人，事情讓小孩自己決定，你提建議就好，讓他們自己決定自己做，不要替她們做決定，以朋友的立場建議，這是尊重，有尊重就會少衝突，秉持關心但不干涉，盡量由他父親跟小孩交涉，你協助關懷就好，基本上要先讓小孩認同你，不要讓他們覺得你要取代母親的地位。用協助的方式與小孩相處，你有做好這種心理準備嘛？

大人部分則問題較少，畢竟你們有交往一段時間，彼此認同，你們才會想要結婚，但不是你們想結就結了，建議你聽聽小孩對你們結婚的意見，一定要讓他們先熟悉你，不要急著結婚，看他們的看法如何？也不能牽就小孩，要合理，有哪些需要再溝通協調，不要強迫小孩接納，慢慢相處，讓他們感受誠意，時機成熟了再結婚，不要一頭把自己栽進去，結婚只是一個儀式，一個認同，但在結婚前給自己一些空間，把事情弄清楚來。

至於小孩的母親會不會來看小孩或他爸爸，我想這應該不是問題，會離婚一定有他的原因，除非這些原因消失了：不然，要復合的可能性很低，不要因為「一個褪色的過去改變你們的未來」，雙方自己要先篤定，不過要跟小孩的爸協調好，取得共識，才不會以後在心中有芥蒂，這個要談清楚。

以上讓自己先搞清楚，開誠佈公談好了，有共識了，要結婚再結婚。男人有小孩跟沒有小孩有差嘛？不都是男人，重點在於「人品」，還有你對他的感覺，男人帶小孩還把小還帶得好的話，你一定可以信任他，因為他一定是負責任的男人，未婚的你怎知他是不是有責任心的老爸呢？至少他是經過帶小孩的檢測的，有什麼可以不放心的，你自己要拿定主意。也要培養跟小孩相處的能力。

再來談另一個朋友的失敗案例：

1.什麼叫做共同生活？不是辦個結婚登記睡在一起就叫共同生活捏，重要的是一顆心，願意共同承擔，連生活費負擔一些都不願意，只想用人家一個月九萬塊，這女人沒心一起生活嘛？男人難道感受不出來嗎？

2.什麼叫共同生活？不是跟小孩的爸上床就叫共同生活捏，一個多月見一次小孩的面，送禮打發，就想取代孩子母親的地位，根本沒用心嘛？小孩感受不出來嘛？太小看小朋友了。

3.有能力思考這女人是什麼心態去結那個婚嘛？依賴跟要求經濟能力而已，不必點太明。（或許男人的經濟能力仍是女人考慮的大重點，但是如果只為錢沒有心，終究還是注定要分開）。

所以不用擔心嫁給有小孩的單親爸爸啦，做好自己，多跟對方小孩溝通了解，小孩會很樂意看見你們結婚，也會好好跟你相處的，不要想取代母親的地位，做好朋友就好。

6-6、和好友已分手的舊情人交往是否很過份？

人相處的關係是天寬地闊的，包含各種可能性，不要把自己的格局活小了，限制別人越多，相對的也是限制自己，放低控制欲，心開闊了，視野就開闊，講這個女性朋友不要生氣，覺得女生對於感情的想法看法都比較侷限或狹隘，將對方視為是自己的「擁有物」（私人物品）的概念很強，（將對方視為物品或寵物，而不是視為「人」），所以要求對方單一的狀況會比較明顯，（其實不管男人女人，只要是人都有這種現象），但是有時卻搞不清楚狀況，搞不清楚自己與對方的關係是否適合這樣要求，只要沾上邊就出現這種心態（可以說是「症頭」，說是一種病症嗎？）。

如果說女人在感情上是弱者，應該是不為過，所以她必須時時設法鞏固保住自己的擁有，害怕得不到，害怕失去，害怕自己不是對方的唯一，於是控制欲野放，即使只是曾經擁有過，也會念茲在茲。

所以說感情是女性朋友的「致命傷」，容易相信卻又不願意信任，自己傷自己，真的很傷腦筋。所以這種現象應該常發生，只是不像這位朋友這麼明白講明：

好友和他的舊情人分手已近一年，而她也已嫁為人婦，但當她知道我和她的舊情人在一起後，十分惱怒！因此，也失去她這個朋友，我很難過，這真的很過分嗎？（他們分手原因並不是我）。

遇到這種事情該怎麼辦？其實只是心裡掛礙而已，認清自己想要什麼就好了。

——

哇，這真的很過分捏，我是說你那個朋友真的很過分，自己用過的東西別人就不能用喔，現在新的玩具抱在手上了，還要管已經是別人的東西的東西，套一句時尚流行語「真是太超過了」，遇上這種不成熟的「小」心眼女生。

人都是獨立的個體，舊情人對他而言是舊情人，實際上是可以成為任何人的新情人，她有什麼權利發表意見，如果照她的想法做法，是不是每個熟悉的人都不能碰這個人了，可能嗎？她是不是有什麼不堪給人知道的糗事怕人知道，分手了再交新朋友是很正常的，再說，你要跟誰交往也不關她的事，難道跟它的舊情人交往，還要跟她報備批准，徵得她同意喔，心胸也未免狹隘得太離譜了吧。

你要跟他交往，你是要看他是否值得信賴，可以依靠否？是否對你好？互相能夠體諒相扶持嗎？要考慮得是互相適不適合？未來幸福是你們兩個人的事，千萬不要為了別人的褪色過去，影響到你們的未來，你真的不必難過，好男人的話是值得去擁有，心胸狹隘不明事理，佔有心太強的朋友倒不必定要去勉強維持，她不能接受不是你的錯，你不必為了別人的狹隘想法做法而難過，不值得！也沒什麼好過分的，過分的是你的朋友，自己都嫁人了還管人家跟誰交往，真的是有夠超過。

6-7、嫁給有小孩的單親男人會不會麻煩比較多？

朋友跟他的朋友都稍有年紀了，也都雲英未嫁，也會想說到底要不要嫁？要嫁什麼樣男人，如果嫁一個單親的男人，還會牽涉到小朋友，會不會比較麻煩，問題多多。真是一個令人頭痛的問題！

如果一個人可以過的很好，那為什麼還會想要嫁？只是為圓滿人生的歷程嗎？如果嫁的不好怎麼辦，有能力或耐性，還有，夠不夠智慧去接受及調整嗎？（包括把兩人世界生活好，或再回復單身或另一方不願放人時的處置），兩人生活也是一種人生經歷，如果抱著學習及歷練的態度去面對，可能比較容易接受各種在自己規劃之外，突如其來的狀況，好比上課隨時來的隨堂考試，考試不及格，再重修把它考過就好了，如果有這種準備，結婚又何妨，但很怕的是，人往往會陷溺在所遇到的狀況中，不是無法自拔就是無法抽身，因而生活在這種痛苦中。所以具備覺醒的智慧與能力也是相當重要的，這就是改變所謂「緣份與宿命」的重要功課，也是善惡好壞緣份的轉捩點，（這是個人看法，很多法師對緣份宿命的見解不同）。

其實結婚也沒這麼可怕啦，不過有了年紀要嫁人的確還真的不好選擇對象，同年紀或長些的的大概都結婚生子了，做地下夫人也沒必要了，自找麻煩，要沒結婚的可能要往下（現在流行小鮮肉）找了，有戀母或戀姐情結的也蠻多的，你要能接受就好，再來就只有離婚、喪偶的，或許正適合也說不定，因為婚姻的衝撞磨合期他們都已經經歷了，剩下要跟你衝撞磨合的部份已經很少，反而是你自己要經歷全新的婚姻經驗，你的調整期要多久？

至於單親（非單身）的男人到底好不好？問題會不會比較多？這種就不用問了，有人就會有問題，你自己一個人還不是有問題，人多嘴雜問題一定比較多，重點還是在處理人的「態度跟方式」的問題，很多人以為嫁給有小孩的男人一定要當「後母」，這個很奇怪捏，為什麼定要當「後母」，可以當朋友，可以當阿姨啊，當跟爸爸一起生活的人而已，不行嗎？你又不是要搶爸爸的，跟小朋友基本上是沒衝突。現在這時代，角色可以多重扮演跟選擇，不像以前的教育，只有唯一的正確答案的，問題出在以為一定要去替代「母親」的角色（角色跟生母衝突），事實上「母親」是沒辦法替代的，幹麻去替代，角色不對，有衝突就很難演了，要當什麼角色，開誠佈公跟小朋友溝通好，你要進來扮演什麼角色，也讓他們參與了解。你不可能剛認識就要嫁給他吧，你可以有很多時間去跟小朋友溝通協調並互相認識。

人生就像打電動遊戲在「過關」一樣，這關沒過，你千萬不要奢望直接跳下一關就可以了，它會重來，要你重新再過，就跟一年級數學沒過，到二年級你就很痛苦一樣，你非得回頭把他補過不行，不然越下去越糟糕，其實一般在跟小朋友互動的過程中，你就可以決定要不要嫁了，一般而言，單親帶小孩的男人是比較穩定可靠的，（當然，也有因不甘願或習俗的因素而霸佔小孩的，那就不一定了），在跟小朋友的互動過程中也可瞭解他是不是負責任的父親，基本上責任心是一定有的，起碼它是願意負起養育責任的人，而不是拋下責任的人，有什麼事情重過養育小孩的責任（養小孩除了養還要教，而且還是長時間），這種責任都願意扛了，你還有什麼不放心的。

再來你就要看他小孩教的好不好，要不要嫁看小孩決定，小朋友教的好，觀念好，他對任何人都不會敵視，包括準備要嫁的妳，哪來的問題。（這是指離婚單親的男人，離婚單身的就看狀況了）。

小孩若會敵視，表示有幾種狀況沒處理好，本身就有問題存在，（跟你是無關的）。

1.教小朋友的態度有問題，處理離婚事件觀念有偏差。
2.與小朋友母親之間關係沒處理好，令小朋友有意見。
3.大人內心對離婚這個事件的的怨恨不滿未消除，影響小孩的觀念。
4.大人處理事情的能力不足，心態健康度不夠。

就跟以前人娶老婆，媒人常會講「娶某看娘咧（台語丈母娘）」。只要到女方家裡看一下，並看一下丈母娘的態度觀念就知道可不可以好不好娶；所以單親男人可不可以嫁，跟小孩接觸一段時間就知道，也不用擔心問題會不會比較多，其他就看你個人品味喜好的問題了，反正這麼久都沒嫁了，會急著一定要這個時候嫁這個人嗎？或一定要結婚這個形式嗎？選項其實很多，不要被

「自己的設定」迷失了。

那有沒有回頭想想，要嫁的意義在哪裡？是因為兩個人互相喜歡，想一起生活互相關懷互相照顧，目的是因為兩個人在一起很快樂，如果因為「嫁」這個型式而破壞了這種前提，為什麼一定要嫁，有的男人就是能力很強，但就是不會帶小孩，除非你有體認願意幫他承擔，結婚後他快樂而你也帶小孩帶的好，也很快樂，那結婚肯定沒問題。（有問題也不是你的問題，在你來之前問題已經存在，你也不要把責任往自己身上攬）。

其實，單親（不是單身喔）的男人應該是上上之選（不是所有喔，基本人品要自己看喔），一則責任感有，再來婚姻看法較成熟，三者能力夠（工作與家庭兼顧得來），再者你幫他分擔責任，他比較能感受並感謝，還有成熟度及穩定性都會比較好（有些年紀了嘛）。

但是記住，先看看小孩，重要的是態度跟溝通的能力，而不是小朋友，不管是先前的或你們打算要再生育的，前提是，你要嫁人是因為要過的更快樂才嫁，嫁了以後要培養把不快樂的生活變快樂的能力跟態度，千萬不要為了把生活過的更糟才嫁，或把糟糕的事情變的更痛苦，如果已經變痛苦卻沒有能力處理，請求救！很重要！不然，請你退出，不要忘了，請把「退出」列為選項之一，很多人忘了可以退出比賽，以為退出比賽很丟臉，不要沉浸在痛苦之中，沉浸在痛苦中才丟臉。

6-8、做人要甘願！甘願做歡喜受

當你決定做某件事以後，你是否能夠全心投入，無怨無悔，既然是你自己決定的，為什麼你會這麼快就反悔，甚至輕率低背叛自己，你說你是被騙的，被逼的，無奈的，是嗎？你能很確定嗎？

其實我們都知道，這都是我們自己的選擇，即使在所有的不利當中，我們仍然做選擇，你不願意做的事沒人能逼妳，不是嗎？如果你現在還能看這篇文章的話。

你會被騙也是你自己選擇被騙，只是當時的選擇你認為沒有問題，後來轉變的結果讓你更清楚了解罷了，你選擇嫁給了某個人，你選擇了進入某個公司，你選擇要不要生小孩，你選擇要不要離開某個人，都是你自己的決定，你的「心」的作用，讓你決定；很多選擇都可以再做改變，只是改變的狀況可能不是你原先的預期，或是你所能接受的，有沒有想過，在你第一個決定的時候，就已經牽涉後來種種的變化跟結果，問題在於，你做第一個決定以後，你有沒有忠於自己去履行自己的決定，如果你能樂於接受你的選擇，用積極的態度面對，我想所有的選擇都將會有一個好的結果。

像結婚也是，或許你的選擇不盡理想，但你面對她（他）的態度卻決定最後的結果，以喜樂的心接受，忠於自己的選擇。當然，也不是叫你一定忍辱負重一定不能調整，有時候衝突、轉變、放棄、離開也是一種正面的解決，關鍵在於你面對的態度，當你決定用「反向操作」希望達到正面效果時，你的心是否喜悅，快樂，如果是，我絕對贊成，如果只是做為一種手段，企求達到自己想要的目的，那最終受傷的仍是你。所以不管你做正向，負向抉擇時，請忠於自己的感覺，如果會不快樂就不要去做。

「忍心」跟「不忍心」，都取決於你的原本出發點，更要有智慧去研判了解可能的後果，決定了，好好去做，做不好，轉個彎，重要的是讓自己擁有愉快的心情，歡喜接受。

6-9、前塵過眼，輕輕放下，默默看待

以前的修行團體裡面，收容了一個高中畢業生，他父母親認為他已有所偏差，因此來到團體所屬的咖啡廳打工，希望能夠透過神明方式調整改善，但他認為團體干擾左右他的生活及觀念，如今已當兵退伍，有自己成熟的觀念和想法，再回首前塵，頗有怨懟，如今原有團體已改組解散，人事已非，看到我的部落格，偶來發抒一下，三次對答後稍解其氣憤心態，今錄於此。其實生活對錯根本沒有一個標準定律，適合個人本身才是自己要過的，世俗觀念又何必強加於身。——

即使是過眼雲煙，也要讓它煙消雲散。

1.前塵往事，輕輕放下就好，該毀的都已經毀去，過去的就是留下記憶痕跡，越用力去擦，雖把不想要的痕跡擦去，卻又留下用力擦拭所留下的痕跡，生活本來就是自己的，但是還是會被其他因素所左右，讓經歷的事靜靜躺著，歲月會自然抹去，不留痕跡，只剩印象，你長大了，受左右的程度也越來越低，不必去怒，怒，值得嗎？也不必流彈四射，默默看待，靜靜去想，清楚就好。

2.我大部分時間都在台中，偶爾閉關跑靈山才上去基隆，你在咖啡廳打工的那段生活如何過，我並不甚清楚，每件事都有正負面，甚至多面相，學會看清楚負面狀況，然後往正向思考，這是我在那段時間自己的心得，知道自己該做什麼？真正做的是什麼？對自己會有怎樣的影響？然後去面對，現在之前的團體也散了，是「昨是今非」嗎？是「今是昨非」嗎？不盡然，真理一直是真理，只是時移事遷，我們看的角度不一樣了，往前、往後、靠左、靠右，你有讓自己看待事物的心智成熟嗎？不一定在團體裡才叫修，所到之處都在修，都可以修，團體或許不是很對，但你也要學到你該學的。

3.即使感情是過眼雲煙，也要能看開放下，最好可以煙消雲散，不然就會被煙霧濛障，每一個團體都是好多份子組成，就像身體器官由好多細胞組成一樣，每個份子跟你的相處心態不一樣，跟你的對待跟看待也會不一樣，你又何必籠統將他歸成一類，你也可以單獨看待每一個份子啊，幹麻辛苦逼自己，愛恨分明也可以是一種美，放自然就好，可以當朋友的就當朋友吧。不行當朋友就隨風吧。

6-10、愛與尊重

愛與尊重，「愛」，不是拿來辯論，也不是拿來作文章的，「愛」是要拿來操作的，操作到，「有得也愉快，不得也愉快」，而這愉快是相對雙方都有的，不是單方面的滿足，只為單方面獲得，無法兼顧相對方的感受，那就無所謂「尊重」了。

所以為什麼會情殺？為什麼會自殺？為什麼精神錯亂？操作的不好而已，沒有尊重自己也沒有尊重對方，只為了自我獲得與滿足，其實你用盡腦汁為了獲取對方的青睞，那是動物的本能，但是用了虛偽的方法，一旦水落石出時，真能獲得對方的愛嗎？還是對得起自己的愛嗎？還有你要的只是個人「慾」（不管物質或精神）的滿足，還是真的有情愛？

文學上名家說一套做一套的不乏其例，民國80幾年，名噪一時的菩提作家：林○○，民國90幾年的：苦○，民國一○四年，紅極一時的導演：○把刀，都是過不了情慾這關，強調喔，情的慾喔，其實問題只是「說的跟做的」不一樣而已，但情慾真的有情嗎？不盡然，「慾」則跑不了，我自己學文的，對於文字也稍為敏感，語言文字是會騙人的，文筆跟德性是兩回事，文學修養／口才與人品修養又各自是一回事，所以「尊重不是掛嘴上用」，是要實際操作實踐用的，高中時期上文化基本教材的課，國文老師開宗明義說了：論孟不是拿來讀書拿來考試用的，是拿來實踐用在行為上的，（有修的思維就是不一樣，有神佛的思維跟操作就異於一般人，國文老師是淨土居士的弟子），所以一直有這種操作實踐的概念，做你所想，想你所做，心／口／意／行要能合一，就是去做到，非常不簡單的。

但如果能尊重自己／尊重別人，其實心口意行合一又何難之有，有尊重才有情有愛，否則只是您的展現而已，用愛做偽裝罷了，所以留給自己空間，留給對方空間，不管情侶、親人、朋友、夫妻、同事，留給對方「自我意願表示」的空間，並尊重這個意願，非常重要。

這是可以在生活上/相處上操作出來的，這樣雙方都會是愉快的，合也愉快，分也愉快，其實能這樣操作，相知相惜就出來，知遇的感覺也會出來，能在一起要分也難。

只是，世界是變動的，變的速率，週期不同結果會不同，但有尊重，即使分手也愉快，甚至懷念，修行不就在一個行嗎？做不到，講什麼，有用嗎？

第陸章：

6-10、愛與尊重

國家圖書館出版品預行編目資料

人間修行（三）：人間錯愛—神明的考題/莫林桑著--初版--臺北市：博客思出版事業網：2020.2
ISBN：978-957-9267-47-2（平裝）

1.靈修
192.1　　108021721

心靈勵志50

人間修行（三）：人間錯愛—神明的考題

作　　者：莫林桑
編　　輯：陳嬿竹
美　　編：陳嬿竹
封面設計：陳勁宏
出版者：博客思出版事業網
發　　行：博客思出版事業網
地　　址：台北市中正區重慶南路1段121號8樓之14
電　　話：(02)2331-1675或(02)2331-1691
傳　　真：(02)2382-6225
E—MAIL：books5w@gmail.com或books5w@yahoo.com.tw
網路書店：http://bookstv.com.tw/
https://www.pcstore.com.tw/yesbooks/
博客來網路書店、博客思網路書店
三民書局、金石堂書店
總經銷：聯合發行股份有限公司
電　　話：(02)2917-8022 傳真：(02)2915-7212
劃撥戶名：蘭臺出版社　帳號：18995335
香港代理：香港聯合零售有限公司
地　　址：香港新界大蒲汀麗路 36 號中華商務印刷大樓
C&CBuilding,36,Ting,Lai,Road,Tai,Po,New,Territories
電　　話：(852)2150-2100 傳真：(852)2356-0735
出版日期：2020年2月初版
定　　價：新臺幣280元整（平裝）
ISBN：978-957-9267-47-2